世界五千年
科技故事丛书

卢嘉锡题

世界五千年科技故事丛书

遗传学之父

孟德尔的故事

丛书主编　管成学　赵骥民

编著　杨熹洁

吉林出版集团　吉林科学技术出版社

图书在版编目（CIP）数据

遗传学之父：孟德尔的故事 / 管成学，赵骥民主编.
-- 长春：吉林科学技术出版社，2012.10（2022.1重印）
ISBN 978-7-5384-6101-5

Ⅰ.①遗… Ⅱ.①管…②赵… Ⅲ.①孟德尔，G.J.（1822～1884）
－生平事迹－通俗读物 Ⅳ.①K835.216.15-49

中国版本图书馆CIP数据核字（2012）第156336号

遗传学之父：孟德尔的故事

主　　编	管成学　赵骥民	
出 版 人	宛　霞	
选题策划	张瑛琳	
责任编辑	万田继	
封面设计	新华智品	
制　　版	长春美印图文设计有限公司	
开　　本	640mm×960mm　1/16	
字　　数	100千字	
印　　张	7.5	
版　　次	2012年10月第1版	
印　　次	2022年1月第5次印刷	

出　　版	吉林出版集团
	吉林科学技术出版社
发　　行	吉林科学技术出版社
地　　址	长春市净月区福祉大路 5788 号
邮　　编	130118
发行部电话/传真	0431-81629529　81629530　81629531
	81629532　81629533　81629534
储运部电话	0431-86059116
编辑部电话	0431-81629518
网　　址	www.jlstp.net
印　　刷	北京一鑫印务有限责任公司

书　　号	ISBN 978-7-5384-6101-5
定　　价	33.00元

序 言

十一届全国人大副委员长、中国科学院前院长、两院院士

放眼21世纪，科学技术将以无法想象的速度迅猛发展，知识经济将全面崛起，国际竞争与合作将出现前所未有的激烈和广泛局面。在严峻的挑战面前，中华民族靠什么屹立于世界民族之林？靠人才，靠德、智、体、能、美全面发展的一代新人。今天的中小学生届时将要肩负起民族强盛的历史使命。为此，我们的知识界、出版界都应责无旁贷地多为他们提供丰富的精神养料。现在，一套大型的向广大青少年传播世界科学技术史知识的科普读物《世

界五千年科技故事丛书》出版面世了。

由中国科学院自然科学研究所、清华大学科技史暨古文献研究所、中国中医研究院医史文献研究所和温州师范学院、吉林省科普作家协会的同志们共同撰写的这套丛书，以世界五千年科学技术史为经，以各时代杰出的科技精英的科技创新活动作纬，勾画了世界科技发展的生动图景。作者着力于科学性与可读性相结合，思想性与趣味性相结合，历史性与时代性相结合，通过故事来讲述科学发现的真实历史条件和科学工作的艰苦性。本书中介绍了科学家们独立思考、敢于怀疑、勇于创新、百折不挠、求真务实的科学精神和他们在工作生活中宝贵的协作、友爱、宽容的人文精神。使青少年读者从科学家的故事中感受科学大师们的智慧、科学的思维方法和实验方法，受到有益的思想启迪。从有关人类重大科技活动的故事中，引起对人类社会发展重大问题的密切关注，全面地理解科学，树立正确的科学观，在知识经济时代理智地对待科学、对待社会、对待人生。阅读这套丛书是对课本的很好补充，是进行素质教育的理想读物。

读史使人明智。在历史的长河中，中华民族曾经创造了灿烂的科技文明，明代以前我国的科技一直处于世界领先地位，涌现出张衡、张仲景、祖冲之、僧一行、沈括、郭守敬、李时珍、徐光启、宋应星这样一批具有世界影响的科学家，而在近现代，中国具有世界级影响的科学家并不多，与我们这个有着13亿人口的泱泱大国并不相称，与世界先进科技水平相比较，在总体上我国的科技水平还存在着较大差距。当今世界各国都把科学技术视为推动社会发展的巨大动力，把培养科技创新人才当做提高创新能力的战略方针。我国也不失时机地确立了科技兴国战略，确立了全面实施素质教育，提高全民素质，培养适应21世纪需要的创新人才的战略决策。党的十六大又提出要形成全民学习、终身学习的学习型社会，形成比较完善的科技和文化创新体系。要全面建设小康社会，加快推进社会主义现代化建设，我们需要一代具有创新精神的人才，需要更多更伟大的科学家和工程技术人才。我真诚地希望这套丛书能激发青少年爱祖国、爱科学的热情，树立起献身科技事业的信念，努力拼搏，勇攀高峰，争当新世纪的优秀科技创新人才。

目 录

农民的儿子

一百多年以前，即公元1884年，在奥地利的布鲁诺市（即今捷克第二大城市布尔诺市）修道院前的广场上，一大群身穿黑色丧服的人们，正在沉痛地给刚刚去世的修道院院长举行葬礼。

时值严冬，气氛更显得庄严肃穆。送葬者对这位死者怀有崇高的敬意和深深的同情。但是，直到灵柩被安放在城内中央墓地的墓穴时，不论宗教界还是科学界，不论达官贵人还是平民百姓，仍无一人知道，这位被埋葬的修道院院长，便是现代遗传学的奠基人，能与伽利略、牛顿、哥白尼、达尔文相提并论的一代科学巨人。他的不朽业绩，只是在他去世16年以后，才被世人所认识。他就是格里戈尔·约翰·孟德尔（Gregor Johann Mendel, 1822—1884）。

在原奥地利西里西亚地区，有一个叫海因多夫的小村（现捷克的海因西斯），位于摩拉维亚的东北，奥得河的上游，接近邻国波兰。从村庄附近流过的奥得河向北流去，穿过波兰注入波罗的海。海因多夫村是沿着奥得河的小支流洛斯河两岸展开的一个小小村落。

1822年7月22日，约翰·孟德尔就诞生在这里一个几代务农的家庭。

这是一个美丽的小村庄。村民们都爱好园艺。孟德尔家族的祖辈一直都是租别人的土地耕种，从约翰的父亲安东·孟德尔起才有了一小块自己的土地。父亲是嫁接果树的行家，他把田间劳作之余的时间都消磨在自家的果树园里。约翰从小就跟父亲干农活，并对身边的花草树木产生了浓厚的兴趣。他小小的心灵里，总是有很多的疑问：

"为什么花朵儿会有不同的颜色？"

"为什么豆荚有的长，有的短？"

"为什么……"

童年的好奇心使他对复杂而深邃的大自然产生了急于探索的愿望。

小约翰6岁时，就到村中的小学去读书。这所学校的教学法与别的学校不同。

教师要在学校的田园里教学生们栽培果树和饲养蜜蜂。孟德尔从小就受到这种环境的熏陶，接受植物栽培和管理等方面的知识和训练。他学习用心，很受老师赏识，仅用4年的时间，就读完了小学的全部课程。

一个傍晚，他一边帮父亲嫁接果树，一边问："爸爸，老师告诉我们，嫁接并不能完全改变接穗。一枝小小的良种接穗，尽管全部养料由劣种砧木供给，但仍然能长成又粗又大的枝干。我不懂，这是为什么？"

"我也不懂。"爸爸回答道。

"不过，事实确实如此。"爸爸接着说，"比养料作用更大的是树木的本性，就是人们称为'遗传'的那种性质。"

约翰默默地听着，沉思着："树木的本性"、

"遗传"，那又是怎么一回事呢？类似的一些疑问常在他幼小的心灵里闪现。

班主任老师托玛斯·马基塔十分喜爱约翰·孟德尔，不仅因为这个孩子聪明好学，根据他对自己学生的了解，认为约翰将来有可能发掘出在大自然中隐藏的秘密，甚至能在自然科学方面创造奇迹。于是，他向孟德尔的双亲建议，务必让孟德尔到高一级的学校去学习。

夏天的一个夜晚，劳累了一天的村民们，大多已酣然入睡。寂静中，孟德尔家响起了一阵轻轻的叩门声。约翰把门打开，惊喜地叫了起来：

"是您！托玛斯先生！"

老师向孟德尔夫妇说明了深夜来访的目的，他殷切地希望约翰能到莱比尼克的中学去学习。

在同村的伙伴当中，有两个比约翰年龄大的少年，他们就在莱比尼克城镇的中学读书，经常回到村里探亲。孩子们相聚的时候，总是听他们两个得意洋洋地讲述城里的学校生活，这正是少年孟德尔十分憧憬的那种生活。

面对老师的劝说和约翰期待的目光，父亲安东和母亲罗辛娜有他们自己的想法。约翰是他们惟一的男孩，他们怎么会不想儿子更有出息呢？

母亲想，当农民苦啊，不应让这个有才能的儿子当一辈子农民，应照孩子的愿望进莱比尼克城的学校，也许他将来会过上更好日子。

父亲考虑到家里的经济负担状况，考虑到家业的继承，没有立刻同意。可是，为了让儿子更有出息，父亲最终还是下了决心，点头同意了。

就这样，1833年，11岁的约翰·孟德尔进入莱比尼克城的皮亚里斯特尔学校学习。

莱比尼克是个小城市，位于海因多夫村西南约30千米。城中央的教堂里有座耸立的高塔，教堂的旁边有一幢两层楼的学校，捷克著名作曲家斯梅塔纳也曾在这里念过书。这就是皮亚里斯特尔学校。孟德尔离开父母身边来到学校后，全身心地投入了学习。1834年，孟德尔以班级最高的成绩毕业，成绩单上并有"优秀"和"超群"的评语。

看到儿子的优异成绩，看到儿子充满渴望的蓝眼睛，贫穷的双亲再次下决心让他去特罗堡的高等中学念书。

特罗堡距莱比尼克约50千米，是靠近波兰的城镇。特罗堡高等中学创立于1632年，具有古老的传统，与特罗堡博物馆相邻。从一年级到四年级是基础班，接下去有两年的高级班。1834年12月，孟德尔进入基础班。他认真学习，同时还经常光顾以收藏自然科学文献而著称的博物馆。在知识的海洋中遨游，孟德尔真是大开眼界。可是由于家境贫穷，他的学习生活十分艰苦。他只能在偏僻的地方租一间最便宜的房子居住，平时吃的面包和奶油要靠父亲从家里乘马车送来。有时候接济不上，只好整天饿着肚子听老师讲课。

后来，孟德尔在一份简短的自传中曾这样写道："1838年，我的双亲连学费也缴不出了，16岁的我不得不自寻生计。因此这一年我参加了特罗堡郡立学校预备教育和家庭教师的讲习班，很幸运，在考试中受到最优秀的推荐，才能进入高等中学的高级班，一边勉勉强强地自立，一边继续奋发读书。"

就这样，他靠很低的当家庭教师的收入艰难地维持着生活，直至读完高等中学。他最为得意的课程是宗教、拉丁语、地理、历史、数学和希腊语。在

1840年8月的毕业证书上，所有科目的成绩都是"优秀"。

可是他还未修他认为重要的哲学课。为了学哲学，他去了最近的奥尔米茨大学的哲学院。在这个学校里，宗教、神学以及自然哲学、数学、自然科学、教育学等都是主要的课程。

奥尔米茨是摩拉维亚北方靠近波兰的一个中等城市。城中耸立着14世纪古老有塔的寺院。15世纪建造的市政府大楼上，有象征着天文学的大钟。在市政府附近，是创立于1573年的奥尔米茨大学。它是一幢巴洛克宫殿式的4层楼，非常华丽。孟德尔很幸运又一次找到了一个便宜的寄宿处。

奥尔米茨的生活使孟德尔更深刻地体会到人生的艰难。他必须自己筹划学费，费了许多周折才找到了一个家庭教师的职务，但是，过度的劳累、饥饿和营养不良，终于使他病倒了。这时他不得不回到故乡，回到父母的身边养病，直到身体康复才又去了奥尔米茨。

1838年冬天，孟德尔的父亲干活时被一棵倒下来的树砸伤了胸部，长期不愈。1841年，在万般无奈中将农田卖给了大女婿。这时正值孟德尔回家养病，于是，他和妹妹特蕾西亚各得了一份钱。妹妹为了帮助哥哥上大学继续深造，毅然拿出了自己部分用作嫁妆的钱支援哥哥。回到奥尔米茨后，孟德尔一边过着艰苦的生活，一边补习功课，直至最后学完全部必修的科目。由于他竭尽全力学习，于1843年以最优秀的成绩毕业了。此时，"为了摆脱生存斗争的痛苦"，他已经下决心去当一名神甫。

孟德尔将自己的想法告诉了物理学教授弗兰茨，弗兰茨对此十分赞成，为了这个他最得意的学生的未来，他决定帮助孟德尔。

弗兰茨曾在布尔诺教书近20年，并在修道院住过。当时，弗兰茨恰好收到修道院的来信，请他帮助从新的毕业生中推荐一名志愿从事神职的人。这是难得的机遇，弗兰茨立刻把孟德尔推荐去了。

于是，孟德尔一生的命运就这样开始了新的转折。

布尔诺修道院

　　捷克斯洛伐克是由三大地区组成的。即西北部的波西米亚、东南部的斯洛伐克和中部的摩拉维亚。首都是波西米亚的布拉格。第二大城市便是摩拉维亚的布尔诺（旧名布隆）。

　　从保留着18世纪的洛可可式遗风的布尔诺车站，乘往左边去的一路电车，大约五分钟就到了与七叶树的林阴路相连接的孟德尔广场。广场的中央是高大的七叶树，树的周围盛开着大片蒲公英。广场旁边就是著名的布尔诺修道院。巨大的圣玛丽亚教堂也并排耸立在那里。修道院的大门右侧悬挂着"孟德尔纪念馆"的匾额，院内银杏树的枝桠从匾额的上方跃出墙外，伸向天空。

　　遗传学的创始人格里戈尔·约翰·孟德尔就在这座修道院里居住过，在这里进行过植物实验，发现了遗传法则。他曾是修道院的院长，也是在这里去世的。

　　修道院的后面是一个广阔的院落。在孟德尔时代，这里曾有一排房子、温室等。如今这里仅仅是个宽阔的庭院，是市民散步休息的场所。庭院中有一块细长的由木栅栏围起来的区域，它便是当年孟德尔的实验场地。布尔诺修道院创建于1323年，它位于布尔诺市旧街的西南端，施皮尔贝克丘陵脚下。最初是属于西特修道会的，后来，奥古斯丁修道会迁到这里来。

　　摩拉维亚有着广阔的草原和缓缓起伏的丘陵，受地中海气候的影响，是农业繁荣的地区。到了18世纪，农业越发兴盛，尤其酿造葡萄酒原料的葡萄栽培和作衣料的羊毛的生产十分发达，其中心就是布尔诺。也正是在18世纪时，奥地利帝国成了这里的统治者，并到处炫耀武力。当时的公用语言是德语，所有的公文文件用的都是德语或拉丁语，而捷克的民族语言捷克语，只能在背地里交谈。

1824年到1867年之间，奥古斯丁修道会发展到全盛时期，这得力于当时的修道院长纳普（1782—1867）的才能。

纳普1782年出生于摩拉维亚，从年轻时起就擅长于东洋学，是不断发表东洋学方面论文的活动家。他在布尔诺神学校曾开设旧约圣书和东洋学讲座。纳普身材不高，貌不出众，脚扭了之后，走路一跛一跛的。可是在1824年，他32岁时被选为这个修道院的院长，这是因为他有非凡才能的缘故。

当时，布尔诺修道院正处在意外的灾害和经济困难的境遇中，由于纳普的机智，修道院的困顿情况不断地有了改善，并进入新的发展时期。他因有功绩，获得了许多荣誉。他曾是摩拉维亚地区的代表，被任命为代理知事，他还作为高等中学校的教育长官，领导过教育界。当时的高等中学校是按德国的学制将初中和高中衔接起来的六年制学校。

纳普生来爱好植物。在修道院的园子里栽种了各种树木，形成了一个不大不小的植物园。他委托布尔诺哲学院的教授泰勒管理这个植物园。作为一个哲学家，泰勒的研究范围相当广泛，涉及到数学和自然科学。对于植物学，泰勒也有很深的造诣。他曾几次外出，调查珍奇植物的分布，把摩拉维亚地方的植物几乎收集全了。泰勒把自己采到的植物制成标本，保存在修道院。在摩拉维亚农业协会的杂志上，每期都有他介绍修道院内植物的文章，从事植物学的启蒙工作。他是修道院值得骄傲的学者，日常生活全在修道院内。纳普为此感到自豪，而且还想从修道院进一步培养出更多的各种专门的人才。

纳普也致力于发展农业，他本人就是摩拉维亚农业会的负责人。他曾几次主持农业研究会，其中规模最大的是1840年在布尔诺召开的全德农业学会会议。纳普担当会议主席，有三百多名来自全欧洲的学者出席，大会的内容是研究成果的报告和讨论。纳普在会上有这样一段精彩的发言：

"形成杂种并改良品种的方法总是需要很长的时间。这是因为人们不了解生物的遗传法则的缘故。所以我们今后必须致力于阐明遗传法则的研究。"

纳普的这段话具有重要的历史意义。但他不可能想到，实现他这一理想的人就是约翰·孟德尔。孟德尔是在这次演讲会过了3年后来到修道院的。

1843年，纳普指定修道士马特乌西·克拉谢尔（1808—1882）管理植物园。

克拉谢尔不仅在布尔诺的植物学家中享有盛誉，而且还是一位有革新思想的哲学教授。他于1808年出生在波西米亚和摩拉维亚交界处的一个小城市。父亲是个兢兢业业的鞋匠。克拉谢尔在高等中学毕业后，曾接受自由思想家布尔策克的教育。布尔策克原来是维也纳贵族学校特蕾西亚学院的教授，后来被看成进步思想家被开除，只好做一名普通教师。布尔策克的反抗精神在克拉谢尔心中激起了强烈的共鸣，而且这种反抗精神支配了他一生的行为。不仅如此，这种精神还间接地影响了孟德尔。

克拉谢尔具有非凡的才能，进入布尔诺修道院3年后，修道院院长让他做修道院图书馆的管理人，馆内藏书达两万余册。在这个图书馆中，不仅藏有神学书，还有哲学、数学、天文学、农学及其他学科的书。克拉谢尔在这里刻苦读书，不久被修道院派往奥尔米茨大学去学习。在取得学位必须经过的三种考试中，他都合格了。返回布尔诺后，年仅27岁的克拉谢尔当上了布尔诺学院的哲学教授。他热情洋溢地给学生讲授课程，宣传过去从布尔策克那里继承过来的人道主义和爱国思想，成为学生们盛赞的人物。不幸的是，1844年他被维也纳政府当局以反政府罪名剥夺了教授职位，此后又不断受到官方的刁难，1848年被迫逃到布拉格，1869年赴美，1882年死于美国。

摩拉维亚可谓人杰地灵。教育改革家夸梅纽斯、作曲家斯梅塔纳、细胞学家普尔基涅等都是摩拉维亚这块土地上培育出来的优秀人才。

从前的布尔诺修道院是摩拉维亚的文化中心，而摩拉维亚是欧洲农业技术的一大中心。遗传法则的发现就是在这样的环境下由修道士孟德尔完成的。所以，布尔诺修道院在科学史中也占有相当重要的位置。

1843年10月9日，布尔诺修道院为孟德尔举行了着衣式，取道名格里戈尔。就是在这样的环境中，年仅21岁的孟德尔终于成为一名见习修道士，从此以后，他的生活便在这个环境中安定下来。

纳普一见到孟德尔，就看出了他具有超群的天

赋，而且感觉到，身为修道士的孟德尔更适合做一个
科学家。纳普在寄给主教的信中，谈到了这一点：

　　"像您所了解的那样，孟德尔很不适合传教工
作，可是另一方面，他头脑聪颖，热心于自然科学的
学习。他在这方面的优越性，是显而易见的。"

　　于是孟德尔被指定作为克拉谢尔的实验助手，
从事植物管理和实验。这不仅使孟德尔与克拉谢尔相
识，而且使孟德尔更加爱上了植物学。

　　克拉谢尔十分喜爱这位虚心好学的年轻助手。
孟德尔身材不高，体态有些胖，眼睛是蓝色的，一副
金边眼镜架在鼻梁上，头很大，有宽阔的前额。他有
着凝视世界的眼神，给人们的印象是庄重、典雅和纯
真。他穿着修道士的便服，戴着大礼帽，黑色的长上
衣晃晃荡荡的，裤子外面套着长靴。当他穿过大街走
下坡道往修道院去时，庄重的脚步和神态令人难忘。

　　孟德尔作为克拉谢尔的助手虽然缺乏进行实验所
需要的植物学专门知识，但他可以不断地接受克拉谢
尔的传授。克拉谢尔在小植物园里的实验目的在于改
良品种和研究与植物的遗传有关的进化的原理。在共
同的工作中，他们成为亲密的同事。克拉谢尔知识广

博，他传授给孟德尔的不只限于植物学方面的知识。他在岩石矿物、力学、社会学、哲学的知识方面也给孟德尔以相当大的受益。

孟德尔如果未曾遇上克拉谢尔，他能成功地完成植物的研究吗？未见得。人生旅途中的某种"机遇"，往往有着重大的意义。

但是，十分令人遗憾，克拉谢尔被当局视为危险的思想家而被开除了教授职务，1844年他不得不离开修道院。失去了前辈指导的孟德尔，从那时起只好到布尔诺哲学院去上学，听神学和农学的课程。在这所学校里，自然科学教师弗兰茨·迪博尔也给孟德尔以很大的影响。

迪博尔的著作曾作为学生的必读教科书。他在一次讲课中曾这样说过："园艺中，可在两个不同的种、变种的植物之间进行经常的人工授粉或产生杂种的授精。这样做的目的在于通过这种手段以引起植物的根、球根、花、果实等的变化，或者还能形成变种。处理得当的话，成功率会很高，会在不同的植物中繁殖出很多不同的种类。"

孟德尔以最好的成绩完成了迪博尔所讲的课程，

并且通读了迪博尔的著作，从而受到潜移默化的影响。

时光荏苒，4年的岁月在紧张的学习中匆匆地过去了。

1847年，孟德尔被任命为布尔诺圣教区的候补牧师，他的职责是照顾圣安病院的患者，在精神上慰藉他们。但是孟德尔不能适应这项工作。往日生活的折磨使他变得非常神经质，当他看到病人痛苦的神色时，就会感到一种难以控制的恐惧。富有同情心的纳普注意到了这一点。一天，他温和地对孟德尔说：

"格里戈尔，也许把你调离这项工作会好些吧？"

孟德尔抬头望着院长，内心十分感动，一时竟不知说什么才好。

不久，经过纳普的推荐，孟德尔当上了摩拉维亚南部的小城市齐纳姆高等中学的代课教师，这是1849年。

齐纳姆位于布尔诺西南约60千米处，是一个古老而美丽的城镇。它的历史是从11世纪开始的，至今仍有12世纪的罗马式的教堂高高地耸立在那里，市政府大楼上的高塔有76米高。

孟德尔在这座小城里度过了一年，教授拉丁语、希腊语、德语及数学。尽管他是个代课教师，但很快就得到学生们的爱戴。他学识渊博，待人和蔼可亲，讲课生动形象，深入浅出。学生们特别喜欢和他在一起。每逢节假日，学生们就会聚集在老师的房间，大家坐在一起，谈天说地，探讨各种各样的问题。对他们来说，这位平易近人的教士，既是良师，又是益友。

以后，孟德尔被派往维也纳留学。那3年是他一生中最美好的日子，他过得非常充实而有意义。结束留学生活后，他又重返布尔诺修道院，开始了漫长而艰苦的遗传学实验工作。

总之，布尔诺修道院是孟德尔献出了一生的地方。遗传法则是在这里发现的，孟德尔的其他科学研究，如气象观测、蜜蜂饲养也是在这里进行的。在孟德尔的周围总是活跃着研究自然科学的气氛。修道院的院长纳普、克拉谢尔、迪博尔等培养了孟德尔。正是由于这些"伯乐"的赏识，孟德尔才得以完成他的研究设想、实验和发表不朽的研究成果。

孟德尔重返修道院真是太对了！

后来，人们为纪念孟德尔，在修道院的庭院外边竖起一座孟德尔的白色大理石像。它是1910年由维也纳的雕刻家夏勒蒙特塑造的。揭幕式在当年的10月2日举行，很多穿着礼服的人聚集在大理石像周围，在庄严的音乐伴奏下拉开了罩在石像上的帷幕。

留学维也纳

从维也纳国立歌剧院向右边沿环行路走，右侧有哥德像，左侧是玛丽亚·特蕾西亚的像。再沿七叶树的林荫路走下去，道路自然地向右弯，向前走一会儿，一片树林就展现在眼前。到了林子里就能看到右边的布尔克剧场和左边的维也纳大学。它们正对着贝多芬住过的房子，这房子位于高耸入云的霍奇夫教会的前面。孟德尔在维也纳大学深入学习了三年自然科学。那是1851—1853年的事情。

孟德尔很适合齐纳姆高等中学的教师工作。学生们学得也很好。可是学校的校长更希望孟德尔去参加取得正式教员资格的考试。这种国家级的考试一般是在大学毕业之后才能进行的。孟德尔没有读过大学课程，所以并不打算去考，但是经不住校长和同事们的劝说，最后还是决定应考。

孟德尔在这次考试中落榜，成了他去维也纳留学的原因。

在正式考试之前有一次预考。题目事先寄给考生，让考生可以在自己家里作出答案。

试题有两个。一个题目是：指出大气的力学性质及化学性质，并根据上述两种性质说明风的产生原理。另一试题是：首先叙述火成岩和水成岩的重要差别，然后与地质年代的区分相对应，举出水成岩的主要种类，并略述它的特征，最后综述一下含有深成岩和火山岩的火成岩。

孟德尔的第一个问题答得挺好，考官在评语中这样写着："大体上都答对了，做得相当不错，明确深入地讨论了大气的诸关系以及与其有关的各项实验，分析了这些关系并尝试应用于说明风的产生方式的部分，可以说是正确和完整的。"

可是第二个问题，即地质学问题，考官的评语非常的严厉："不论从哪个角度考虑，都只能说这份答卷是很差的。该考生对这门课的传统知识不够理解，他使用自己的语言，表达自己的观念，按照他对地质学的学习程度，不能胜任高等中学的高年级教师。"

在孟德尔的地质学答案中，结尾部分的叙述十分有趣：

"火成、水成的造岩运动，还不能说已经完结。地球的创造过程直到今天仍然在继续着。只要大地上的火还在燃烧，包围着地球的大气还在继续流动，地球就决不会合上其创造史的篇章。"

这是自然进化的思想，是超越时代的一种想法。孟德尔的这种想法是美国地质学家查尔斯·莱伊尔（1797—1875）刚刚尝试导入到当时地质学中去的思想。这种思想后来发展成为达尔文的进化论。由于传统知识和观念的束缚，考官当然不能理解这位未来的优秀科学家的真知灼见。

接着，孟德尔参加了正式考试。生物学的答案极其糟糕。试题是将哺乳动物分类并写出每个目对于人类的利用价值。在这次考试中，孟德尔是彻底失败了，他大失所望。但是这次的失败却为他开辟了通往未来的成功之路。这不但是因为他名落孙山而发奋图强，而且因为这次失败给了孟德尔与考试委员长结识的机会。

考试委员长鲍姆加特纳在考试落榜的孟德尔身上看到了一些无与伦比的优点，而且一直记着孟德尔的名字。

1851年夏天，修道院院长纳普致信给鲍姆加特纳，询问孟德尔在教员考试中落榜的原因，希望详告其实际情况。鲍姆加特纳立即写了长长的复信，并提议孟德尔应该接受大学教育。纳普复信致谢，并表明已决定让孟德尔去维也纳大学留学，为此付出多少费用都在所不惜。另外，纳普院长就此事也向主教作了报告。

1851年10月29日，孟德尔乘车告别了夜色中的布尔诺，前往美丽的世界音乐之乡——维也纳。

在孟德尔的一生中，维也纳大学的这段留学生活无疑是最幸福的。在这里，他犹如久旱的禾苗贪婪地吸吮着知识的甘露，不放过任何一次学习机会。作为一个进修生，他的学习时间有限，必须充分利用每分每秒。为此，他放弃了一切娱乐活动和节假日的休息时间，除必修课程外，还大量阅读了他最感兴趣的数学、物理学和生物学方面的书籍。凡是与自然科学问题有关的讲座和讨论会，他都从不放过。

维也纳大学的进修，对于孟德尔的科学研究生涯，又是一个重大的转折点。在这所欧洲著名的大学中，集中了当时大批优秀的科学家。其中有世界著名的物理学家、"多普勒效应"的发现者多普勒，著名物理学家、数学家爱汀豪森，还有欧洲最著名的植物生理学家翁格尔。孟德尔分别在他们的指导下学习和工作过。名师出高徒，在他们那里，孟德尔不仅学到了一个科学家必须具备的娴熟的实验操作技巧和敏锐的观察能力，而且还在研究方法上受到了科学的基本功训练。

来到维也纳大学的第一学期，孟德尔就听了多普勒的实验物理学讲座。第二学期，又参加了克内尔教授的动物学实习，学习动物分类学；芬茨尔教授的植物形态学、植物分类学和实习等。以后，还参加了多普勒教授的物理学实习。在一个暑期的讲习会上，他学完了埃钦格霍岑教授的物理装置的装配和使用方法、高等物理数学、雷德滕巴切教授的分析化学和普

通化学、医学化学等课程。化学对孟德尔的成就也产
生了重要的影响。因为当时道尔顿的原子学说已成为
化学原理的基础。在维也纳大学的化学课中，也强调
了道尔顿的原子说。原子说的主要论点是：各元素是
由各个具有一定性质和质量的原子所构成的，是这些
原子相结合而形成化合物。另外，当化合物被分解
时，原子并不失去原来的性质而游离出来。而且在A
和B两种元素相化合形成两种以上的化合物时，在各
化合物中，对于一定量的A元素，B元素的量成简单的
整数比。这个法则称之为道尔顿的倍比定律。这个定
律拨动了孟德尔的心弦，以至于他从中感悟出将原子
置换成遗传因子来研究生物的想法。

对孟德尔影响最大的是植物学家翁格尔教授。他
通读了翁格尔的《植物解剖和生理》、《在生理学中
显微镜的使用方法和实验方法》等书，并且还听了翁
格尔的讲座。时至今日，在维也纳，翁格尔仍作为伟
大的植物学家受到人们的尊重，在维也纳大学植物生
理研究室的走廊里，一直高悬着翁格尔的大照片。当
翁格尔逝世之际，同学会的一位教授向学会报告翁格
尔之死时说：

"一言以蔽之，翁格尔是一位全面发展的人，是我们世纪的最重要的睿智者之一。"

在这里，孟德尔了解了施旺和施莱登的细胞学说。

孟德尔在3年的维也纳留学中，从翁格尔那里领会到了阐明遗传法则的重要意义，从多普勒那里学习了精密物理学的思考方法，从克内尔那里学习了动物学，从芬次尔那里学习了植物学技术，从爱汀豪森那里学习了物理技术，掌握了雷德滕巴切的化学，特别是道尔顿的原子学说。

秋天是收获的季节。1853年秋天孟德尔返回布尔诺时，真可以说是满载而归。他不仅带回了许多新的知识和技能，还在行囊中，带回了许多豌豆种子。

后人为景仰和纪念这位伟大的科学家，在维也纳的第八区中，将一条街命名为格里戈尔·孟德尔大街。

我们的良师益友

孟德尔回到了阔别3年的布尔诺。

回来后，他还是住在修道院里，并在院子里开始了种植豌豆实验。同时，他又在布尔诺的小学教了一个冬天的宗教课。第二年春天，孟德尔被聘为布尔诺高等实业学校的助理教师。

在前后共14年的教师生涯中，孟德尔留给学生们的印象极其深刻。他们盛赞自己的老师：对教学倾注了极大的热情，待学生温和仁慈；虽然是代课教员，但有很强的责任感；讲解有方，不论什么样的问题，一经他的解释，学生们都能心领神会，悟出症结所在。一个学生曾这样回忆说：

"我们的老师以执教为荣。他在讲解中所涉及到的问题，总是新颖而有趣。论证也总是非常的精确。所以我们对他的课程很感兴趣。他就像一位技艺高超的厨师，无论是动物学、植物学，还是物理学，都能让人感到既可口又有益。"

孟德尔上课时，每当讲到精彩之处，总是妙语连珠，谈笑风生，学生们禁不住拍手称颂。这时，他会笑着举手制止大家，课堂随即安静下来。学生们还喜欢他语言的诙谐，让大家在愉悦轻松中学懂深奥的知识。

上实验课时，孟德尔总是临时指定一位班长，负责全班的纪律。一旦学生有越轨行为，班长必须立即报告。这时，孟德尔会从金边眼镜的上端射出严厉的目光，注视犯规的学生，呵斥几句。这就是他对学生最重的责备或惩罚。

上课时他的教学方法十分特别。他根据学生的程度编排出号码，平时提问时，只呼号码而不称名道姓。他总是先拿出记分小册，翻阅一遍，再随意指定一个号码，被指定的学生会立即站起来回答问题。如果首先应答的学生是12号，孟德尔会接着说道："12的2倍是24，24加12是36，那么下一个被考查者是36号。"36号学生就会站起来，回答老师的下一个问题。

孟德尔会采用这样的数字游戏，是因为他当时正在研究遗传问题，并下意识地应用到数学中来。

孟德尔十分关心学生们的学业，他严加督促，细心考查，尽力鼓励学生作科学探求。每到期末来临，他必定要召集成绩较差的学生，讨论疑难问题，然后逐一给学生解答。这种诲人不倦的精神，学生们很受感动。

孟德尔还特别喜欢动物，处处都能体现出他对动物的一片爱心。

在修道院内，孟德尔养了一只驯狐，晚间任其自由出入，人与狐都习以为常。他还饲养了一只小刺猬。一天晚上，小刺猬藏在孟德尔的高筒靴里过夜。清晨起床后，孟德尔把脚伸进靴子时，不禁大叫一声，他的脚被小刺猬扎得疼痛难忍。这双靴子，也是孟德尔的心爱之物。田间土拨鼠四伏，如果没有这双靴子，恐怕所受之苦要百倍于刺猬了。

孟德尔平时沉着冷静，从不因什么烦恼而失态。但是也有过一次惊慌失措的时候。

有一位艺人携带多种动物漫游各地，路过布尔诺时，他将动物陈列在白十字厅公开展览。孟德尔当然不会放过这个机会，他约学生们一同去参观。学生们兴高采烈，如期赴约。参观的人很多，学生们聚在入口处，人群拥挤不前。孟德尔见状，忙上前疏通。入口处的对面，就是摆放停当的动物笼子，其中装着几只猴子的笼子离入口处最近。人群拥挤着向前，孟德尔为了维持秩序，就站在了猴笼前。猴子们被人群的喧闹弄得不安起来，它们并不明白外面发生了什么，在笼子里窜来窜去。一只最大的、最年长的猴子外表镇静，端坐在笼中，但突然跑到孟德尔跟前，出其不意地伸出一只长臂，将孟德尔的眼镜抓去。孟德尔大吃一惊，不仅脸上火辣辣的刺痛，而且眼前一片模糊。人群也乱起来，连忙召唤看守人：

"看守！看守！猴子抓伤人了！"

猴子的这种举动，纯粹是出于自卫。

看守急急忙忙赶来，几经周折，才算把眼镜夺回来，可是已经支离破碎，不能再用了。孟德尔面部的伤痕又深又痛，过了一个月才痊愈。

因为爱鸟，孟德尔极力反对孩子们用弹弓射杀。弹弓是一种木制的玩具，可用橡皮筋夹着石子射击。孩子们都喜欢用这种弹弓射杀鸟雀。

一天，孟德尔到教室，严厉地问学生们：

"有没有人身上带着弹弓？"

很少见到老师这样严厉的面孔，几个学生胆怯地从口袋里取出了弹弓，轻轻地放在桌子上。

孟德尔愤怒地大声说：

"难道是我教你们射杀那些可怜的小鸟儿不成！"

结果玩具全部被没收，无一幸免。

可是这并不影响学生们对孟德尔的喜爱。有时学生们会不等老师的邀请，蜂拥奔至老师房间窗前，说说笑笑。孟德尔这时总是莞尔一笑，带着他们到花园里浏览一圈。

一个学生回忆起第一次去拜访孟德尔的情景：因为是第一次，难免心里紧张。沿着修道院的石阶拾级而上，走过上面覆盖着瓦顶的长廊，只见孟德尔的房门正大开着，他穿着黑色的长衣，站在门口，温和地接待我。这时，我紧张的心情稍安一些。孟德尔看出我有点发窘的样子，便顺手摘下几个果实，经过一个小小的温室，他隔着玻璃窗，给我指点哪个是金色的菠萝。

"就在那边，看到了吗？多漂亮！"

走过菜畦，就到了花园较高的地方，在这里可以远望，周围的景色十分美丽。

孟德尔说："此地有一种菜，名叫卡杜，很美。"

接着又说："这名字很有诗意的，你知道吗？"

我困惑地摇摇头。

"它的原意是——驴食草呀！"我们两人一同大笑起来。此时，我完全忘了是第一次拜访老师。

孟德尔和学生有着特殊的感情。他十分自信，但却从不固执己见，待人谦恭有礼，对学生循循善诱，学生们不仅把他当做良师，也把他视为最亲近、最值得信赖的朋友。

学校的校长曾不止一次地称赞孟德尔是一位很好的实验家。

"他能用非常简陋的设备，做出非常漂亮的物理学和生物学的演示实验来。"

在布尔诺，孟德尔有很多的学生。多年以后，当学生们谈起自己的老师时，眼中充满快乐的光彩，仿佛孟德尔就在眼前。

在科学历史的长河中，孟德尔是一位伟大的开拓者，也是一位伟大的传播者。

修道院里的豌豆实验

　　各种生物都有各自的特点。红的花、白的花、蓝色的眼睛、黑色的头发、灰色的羽毛等等，可以列举很多很多。在生物学上，将这样可以区别的特征一般称之为"性状"。孟德尔假定各个性状是由包含在生物体内的各个遗传因子（现在称之为基因）决定的。例如，花所以红，是因为具有使它开红花的遗传因子。生物体内有着与一个个的性状相对应的一个个独立的基因。一个生物有很多的性状，也就具有很多的基因。拿人体来说，有关系到眼睛颜色的基因，眼睛形状的基因，身高的基因，肤色的基因，等等。

形状和基因相对应的想法，在孟德尔时代是一种假说，而在现代已经被证实了。根据现代遗传学的见解，基因的本质是称之为DNA（脱氧核糖核酸）的高分子物质，它是真实的存在而非假定的物质。并且，一个性状与一个或几个特定的DNA相对应。

进行自然科学研究，只是糊里糊涂地做实验是没有意义的。我们首先必须考虑好要解决什么问题，用什么做材料，采取什么样的方法进行实验以及如何处理实验结果等等。这些都要在事先计划好，并依据计划开展实验和研究。孟德尔在处理这些问题方面，堪称楷模。

"要解决什么样的问题？"

孟德尔从翁格尔那里受到启发，在于要了解植物的性状，如花的颜色、茎的高矮等，它们是根据什么法则传递给后代的问题。但是，这个想法不仅仅是从翁格尔那里得到的启示。在此之前，摩拉维亚地方改良品种的风气已经盛行；修道院的院长纳普最先想到要了解遗传法则；还有修道院的一些哲学家们的自然哲学的想法，都对孟德尔产生了较大影响。

这样一来，第一个问题便是探索遗传法则。在这个问题上，孟德尔的头脑中有着一个独特的构思，就是遗传法则是根据什么才得以建立呢？孟德尔认为，值得称作法则的东西。并非建立在往日生物界流传的那种"活力"的基础上，而是通过像物理世界中的粒子那样无目的地随机结合分离所致。他做了这样的设想并着手进行了实验。

在维也纳留学期间，孟德尔学习过道尔顿的原子论，所以现在他想用"因子"（基因）这样一个概念来表述他关于遗传法则的想法。

接着是用什么样的材料进行研究呢？

孟德尔首先选择了豌豆。

他在论文中写道：

"实验植物必须具备如下的条件：

一、具有不同的稳定特征。

二、在它们的杂种开花时，别的植物的花粉不能或容易防止与之交配。

三、杂种及其子代在繁殖方面没有显著的障碍。

在实验中如果不加注意，让别的植物的花粉混杂进来并授粉，就会得出完全错误的结论。另外，许多杂种的子代中繁殖能力低下或者像某些植物的杂种那样完全不育，这样的情形也将成为研究的障碍。

豆科植物花的构造是特殊的，一开始就引起了我的注意。在这一科的众多植物中，从试验结果来看，豌豆属是最为理想的实验材料。"

孟德尔从种子商人那里买了34个豌豆品种的种子，作了两年的测试。从中选取了22个稳定的品种作为实验材料。

实验的方法也是很重要的。在孟德尔之前，也有研究者搞过豌豆实验及其他植物的杂交，但是那些人之所以未能发现明确的法则，是方法不对所致。孟德尔采取了三个方法：

第一，对于作为实验材料的植物，在性状特征明显不同的两个系统间进行人工交配，通过几代杂种来追踪这些性状的表现。在一系列实验中，孟德尔仅观察所研究的性状，而对其他性状不观察。

第二，为了所注目的性状从哪个个体传到哪个杂种的情况，作了正确的记录。

第三，对于双亲、杂种第一代、杂种第二代、杂种第三代中出现的具有所研究性状的个体数目进行了统计处理。特别重要的是，孟德尔并没有把未表现研究性状的个体数看做是操作误差而忽略掉，而是把它也加到计算数据中去。

例如，豌豆有多种多样的性状，包括花的颜色、茎的高度、子叶的颜色等等。在这些性状中，仅就茎的高度来说，就因种类不同而异。有的种类茎高达两米，而有的种类只有30厘米左右。

因此，一个亲本选高茎的种类，另一个亲本选矮茎的种类，其后代茎的高度将表现如何？杂种第一代怎样？第二代怎样？又如在第二代个体中，高的占百分之几？矮的占百分之几？它们的各个子代又将如何？孟德尔在计划实验的时候，就注意到了这些问题。

孟德尔与前辈生物学家的区别之一，就在于他不是考察生物整体，而是着眼于个别性状。他对于实验材料的选择也是非常聪明和科学的。因为豌豆是具有稳定品种的自花授粉植物，容易栽种，容易逐个分离计数，也容易杂交，而且杂种是可育的。

此外，他把统计学方法应用于生物学研究，这样对遗传性状不但作质的区分，而且还进行量的统计，这些都是他取得成功的关键所在。

实验是从1856年开始的。从开始后的长达8年的时间里，孟德尔一直全神贯注，小心翼翼地监视着这个实验。在此期间，他追踪考察到杂种的第六代，对一万株以上的植物作了仔细的考察和记录，以便于统计学处理。

一天，孟德尔的朋友，布尔诺高等实业学校的气象学教授尼耶塞尔来看望他，并邀请他参加布尔诺自然科学研究会的筹备工作。

孟德尔愉快地接受了邀请，并从此成为该研究会的积极成员。他们像往常一样畅谈起来。孟德尔请尼耶塞尔教授去参观自己的实验园地。他经常邀请友人到那里参观，向他们介绍自己的工作，征询他们的看法。

穿过林阴道，绕过五彩缤纷、香气袭人的花圃，他们走进一块狭长的、种满了豌豆的园地。这块地约有35米长，7米宽，虽然看上去比较贫瘠，但一排排豌豆却长势喜人。

"您看，这些都是我的'儿女'，它们长得多么壮实！"

孟德尔指着一串串嫩绿、饱满的豆荚，喜滋滋地向尼耶塞尔夸耀说。

"今年已经是第三年了，格里戈尔。你花那么多精力，不厌其烦地干，真的能达到你的目的吗？"尼耶塞尔疑惑地问。

作为孟德尔的好朋友，尼耶塞尔还不能完全理解他为什么要这么做。但是，教授还是很支持他的实验，常常饶有兴趣地过来参观。可是，最近几天，教授听到城里的一些风言风语，有人讥讽孟德尔的行为"反常"，说他的实验"不过是为了消遣"。尼耶塞尔教授也不禁有些疑惑。

"我将年复一年地观察这些豌豆的子子孙孙，通过实验指出植物遗传的规律性。"

孟德尔坚定地对老朋友说道。他并不理会庸人们的闲言和嘲笑。

接着，孟德尔还谈了自己的一些新鲜有趣的想法。

尼耶塞尔被他的叙述深深地吸引住了，同时又感到惊奇：

"如果您的观点被人们接受，岂不会像哥白尼那样带来一场思想革命？"

"不不，"孟德尔连连说，"你这是以伟人比凡人。"

接着，他又风趣地说：

"其实，我每天所做的工作，就是自然界里风和蜜蜂做的工作，如此而已！"

他完全清楚自己的发现具有划时代的意义，但他是谦虚的。

孟德尔在实验中用下面的七对相对性状形成了杂种：

一、成熟的种子形态不同。相对性状的一方种子是圆形的，表面光滑没有凹陷；另一方种子表面有不规则的棱角，有很深的褶皱。

二、种子的子叶颜色不同。相对性状的一方为黄色；另一方为绿色。子叶颜色的这种不同透过种皮可以从外面加以区别。

三、种皮的颜色不同。一方为白色，花瓣也是白色；另一方为灰色，花瓣是红色。

四、豆荚的形状不同。相对性状的一方饱满，而另一方有深深的缢痕。

五、未成熟的豆荚颜色不同。一方为绿色，另一方为黄色。

六、花的着生部位不同。一方为腋生，另一方为顶生。

七、茎的高度不同。一方茎高约2米，另一方则约为30厘米。

纯是出自偶然，支配这七对性状的基因恰巧分别位于豌豆的七条染色体上，而且豌豆的染色体也恰好为七对。这一事实是后来才知道的。

相对性状的确定，为孟德尔观察它们的遗传提供了条件。他将具有一对可区分性状的植株作为一组进行杂交，如高茎与矮茎杂交、圆粒与皱粒杂交，以单独观察它们的遗传，而不是像他的前辈们那样笼统地观察植株全部性状的传递。这样一来，孟德尔就观察到：在所有七组实验中，第一代杂种（也叫子一代）的性状都类似于亲本中的一个，不表现为融合的中间状态。如高茎与矮茎杂交，子一代都是高茎；子一代自交后产生的后代（子二代）则发生性状分离：两个亲本的类型都表现出来，同样也没有融合的中间形态。孟德尔把在子一代中表现出来的性状叫"显性性状"，把在子一代中未表现而在子二代中表现的性状叫"隐性性状"。他设想在花粉细胞和卵细胞中存在着某种遗传因子，并以符号形式表现出来。他设A为显性遗传因子，表示圆粒种子；a为隐性遗传因子，表示皱粒种子。两种因子在进入杂种细胞中时彼此分离，互不影响。在受精过程中又随机组合，结果产生：

亲本　　　　　　AA（圆粒）×aa（皱粒）
　　　　　　　　　　　　　↓
子一代　　　　　　　　　　Aa（圆粒）
（子一代自交）　　　　　　↓
子二代　　　　　AA+2Aa+　aa
　　　　　　　　圆粒　　　皱粒

　　这样，像前辈们一样，孟德尔也观察到了杂种的显性现象和杂种后代性状的分离现象。但是他并没有停留在这一步。他进而分析了子二代性状的分离比率，发现在杂种后代中，显性个体与隐性个体的数目之比大致都是3∶1。例如，在上述杂交中，圆粒种子是5474粒，皱粒种子是1850粒。两者之比为2.9∶1。其他六对性状的分离比都是如此，无一例外。通过这样的统计分析，孟德尔得到了3∶1的分离比率，这就是我们今天遗传学教科书上所讲的孟德尔第一定律，即分离定律。

孟德尔接着用具有两对可区分性状的植株进行杂交，如以圆粒黄色种子的植株与皱粒绿色种子的植株杂交，结果子一代全是圆粒黄色种子，子二代种子中除了有圆粒黄色、皱粒绿色种子之外，还有两种新的组合类型，即圆粒绿色和皱粒黄色。孟德尔用A和a分别代表圆粒和皱粒的因子，用B和b分别代表黄色与绿色的因子。将圆粒黄色种子的植株与皱粒绿色种子的植株杂交，结果如下：

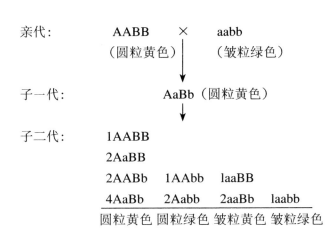

亲代： AABB × aabb
（圆粒黄色） （皱粒绿色）

子一代： AaBb （圆粒黄色）

子二代： 1AABB
2AaBB
2AABb 1AAbb 1aaBB
4AaBb 2Aabb 2aaBb 1aabb
圆粒黄色 圆粒绿色 皱粒黄色 皱粒绿色

孟德尔同样对子二代的个体数进行了统计分析，在总共556粒种子中，圆黄的315粒，圆绿的

105粒，皱黄的101粒，皱绿的32粒，比例大致是9：3：3：1。恰好是（3：1）^{2}的展开式。其中，圆粒与皱粒、黄色与绿色的数目比仍然是3：1。

孟德尔还观察了3对可区分性状的植物杂交后的遗传现象，子二代性状分离的比例正好是（3：1）^{3}的展开式。孟德尔由此确定了（3：1）^{n}的遗传法则。他设n为两个亲本类型性状的对数，子二代的系列中有2^n个稳定组合类型，3^n个组合项数，4^n个个体数。这个法则表明了具有2对或2对以上性状的杂种卵细胞和花粉细胞在形成配子时，不同对的遗传因子自由组合，机会相等，这就是我们通常说的孟德尔第二定律，即自由组合定律。

生物遗传的分离定律和自由组合定律的发现，是孟德尔对生物学作出的最突出的贡献，也是19世纪继达尔文进化论之后，生物学上又一次取得的重大科学成就。现代遗传学研究表明，孟德尔发现的分离定律是生物遗传最基本，最一般的规律。尽管他发现的自由组合定律有其局限性，但仍不失为揭示生物遗传奥秘的带有根本性的规律。正如牛顿力学定律成为物理学大厦的基石一样，孟德尔遗传定律奠定了遗传学的基础，同时也促进了农学、园艺学、医学、人类学的蓬勃发展，对人类探求生命的奥秘有极其深远的影响。

孟德尔对生物学所作出的另一贡献，是他论证了颗粒遗传的思想，这一思想通篇融会贯通于他的论文之中。孟德尔认为，作为遗传基础的遗传因子在生殖细胞中是独立存在的。在受精过程中，遗传因子彼此分离和组合，互不发生影响，各自保持纯粹状态。遗传因子的这一特性就像化学上原子的性质一样。例如，$2H_2$和O_2化合成$2H_2O$；$2H_2O$又能分解成$2H_2$和O_2，同原来的$2H_2$和O_2的性质完完全全一样。孟德尔的粒子遗传思想具有重大的理论意义，它推翻了当时流行的融合遗传理论，代表了遗传学发展的正确方向。

孟德尔在植物杂交实验中创造了一整套全新的遗传学研究方法。他对实验材料的纯系培育、选择单位性状进行单因子分析，以及用杂种同隐性亲本的"回交法"已在现代遗传学和育种学中被广泛采用。

孟德尔还开创了应用数学方法研究遗传问题的先河，使遗传学研究方法发生了重大的革新和突破。孟德尔正是运用了数理统计方法，才从表面上看来似乎是偶然的现象中成功地发现了遗传的规律。在一定意义上说，孟德尔所创新的研究方法，对遗传学发展的影响并不亚于他的伟大发现。

发表孟德尔法则

  1865年，孟德尔发表实验成果的时刻终于来临了。这是他历时8年心血积累起来的成果，因为里面包含着丰富的数据，一次不能讲完，所以，他在布尔诺自然科学例会上的发言分为两次。

  会场设在布尔诺高等实业学校，学校位于离中央广场不远的一条小街上。这是一幢石造的四层楼房。

  2月8日傍晚，天气晴朗。

  孟德尔带着绸帽，披着长长的黑色修道士礼服，在落日的余辉中来到会场。这是他多年执教的学校，所以心情并不紧张。

会场里聚集了大约四十多位听众。会议的主持人是尼耶塞尔教授。听众中有植物学家、化学家、地质学家和天文学家。

主持人宣布：

"今天，将由格里戈尔神父报告他关于植物杂交试验的结果。"

孟德尔腋下夹着一叠论文，缓步走上讲坛。他那双蓝眼睛闪出自信、真诚的目光。

"植物的遗传和变异有两条规律可循。"

当孟德尔宣布这个结论时，全场鸦雀无声。听众都把专注的、满怀兴趣而又有些疑惑的目光投向讲坛。

孟德尔顿了一顿，继续言辞清晰地讲述下去。

"第一，当具有成对不同性状的植物杂交时，所生的第一代杂种的性状都只与两个亲本中的一个相同，另一个亲本的性状则隐而不显。例如，高茎豌豆与矮茎豌豆杂交，它们的子代都是高茎，矮茎的性状隐而不显。我把表现出来的性状叫做显性性状，未表现出来的性状叫隐性性状。如果将杂种第一代进行杂交，所产生的杂种第二代的性状就不再相同，而发生

‘分离’。而且，显性性状的个体数与隐性性状的个体数之间的比例是个常数——3：1。例如，将高茎与矮茎杂交所产生的杂种第一代再互相交配，产生的杂种第二代中有高茎，也有矮茎。但其数量总是3：1的比例，即高茎为3，矮茎为1。这就是分离定律。

"第二，当同时具有两对或两对以上不同性状的植物杂交，例如黄色圆粒的豌豆与绿色皱粒的豌豆杂交，所产生的第一代杂种全是黄色圆粒的。而在第二代杂种中的每一对性状各自按3：1的比例独立分离，互不干扰。但是出现了性状的新组合，共有四种组合，即：圆黄、圆绿、皱黄、皱绿。其比例为9：3：3：1。在这中间，圆与皱之比仍为3：1，黄与绿之比仍为3：1。这就是自由组合定律。"

接着，孟德尔款款细述导致这些结论的实验经过，以及对这个结论的理论证明。在座的学者们对孟德尔的细心、持之以恒的观察以及旁征博引的论述十分敬佩，但对于枯燥的数学演算却感到惊奇和不耐烦，许多人并不理解为什么研究植物要与数学联系起来。

大约一个小时以后，报告暂告结束，余下的内容留待下次会议上宣讲，而且余下的内容正是希望大家很好理解的部分。

当天的《每日新闻》，对孟德尔的演讲作了报道。

3月8日的例会在同一会场召开，孟德尔继续演讲的部分仍然是数字连篇的理论。

报告结束了。学者们向孟德尔鼓掌致意。掌声虽不是热烈的，但是十分有礼貌的。没有人提出疑问，也没有人大声叫好，会后也没有举行讨论。显然，孟德尔的理论超越了当时听讲者所能接受的水平。

尼耶塞尔教授虽然还不能充分理解这个报告的内容，但他却敏锐地感觉到，这个新鲜而有趣的理论将来一定会被人接受，而且还可能带来一场惊世骇俗的思想革命。在他的热心支持下，孟德尔把演讲内容整理成长达45页的论文发表在第二年（1866）《布尔诺自然科学会志》的第4卷上。这就是著名的《植物杂交的试验》，它后来成为永远纪念孟德尔英名的见证。

遗憾的是，这部价值非凡、论证严谨的科学著作在当时没有引起世界科学界应有的重视。布尔诺自然科学研究会当时同各国120个多个科研机构（包括英国皇家学会）和高等学报都交换出版物，因此，各国学者都有机会读到这部不朽的著作。但是，在各大图书馆里，这部杰作却长期被尘封在书库里，无人问津！

当孟德尔拿到论文的四十部副本时，首先将一部赠给在慕尼黑的植物学家卡尔·耐格里，为征求他的意见写了一封信。这是12月31日的事。

等了又等，直到第二年（1867）的2月末，孟德尔才收到耐格里的回信，但是耐格里在信中并没有特别陈述意见，只是说：

"我认为，你用豌豆属作的试验还远远没有完成，其实还只是个开端。对于你的来信我提不出任何意见，因为我对这些试验没有详细地了解和知识。……"

但是孟德尔并未灰心，也没有因此对耐格里失礼；他仍继续向耐格里求教，并把自己实验的种子寄给他，希望他加以验证。

其中一封信里有这样一段话：

"我所得到的结论和学术的现阶段相协调是不容

易的。我不顾这点，将此孤立的一项实验发表，对我本身及对我所持的见解来说，是酝酿着双重危险的。这一点我很清楚。因此，我当初倾注的最重要的努力是想通过对其他植物实验来检验在豌豆属中得到的结果。但1863年及1864年在计划了许多杂交试验时，我痛感在一系列广泛试验中要发现适当的植物极其不易。我曾担忧搞不好的话，时光就将在达不到预期目标的过程中虚度。事情已发展到这个地步，所以我敢于期望其他学者进行对照实验。我在布尔诺的自然科学研究会会员的面前报告了豌豆属的杂交实验，其目的就是想引起别人做对照实验。很自然，我听到了相当多的异议。但遗憾的是，就我所见所闻，还没有一个热心之士想再一次重复我的实验。"

耐格里教授是欧洲研究植物杂交的权威，如果他当时能提出孟德尔并予以介绍的话，孟德尔遗传学法则会更早地放出光芒。而孟德尔本人也会以伟大生物学家荣誉而终其一生，生物学也可能不用等到20世纪才取得相当大的进步。

在曾经重视孟德尔论文的少数学者中，必须提到德国医生、植物杂种研究的权威福克。在他于1881年出版的《植物杂种》这部569页的名著中，有15处提到孟德尔的名字，在该书的第492页，福克还把孟德尔与其他八位伟大的科学家相并列。

福克88岁逝世。他在暮年还能记起自己是1870年前后读过孟德尔的论文，当时曾想过这项研究是值得认真地重复试验的，但是很遗憾，他没有余力亲自重复那些试验了。

瑞典学者勃罗姆伯格在长达36年的时间里都是该国地质研究所成员，是一位很活跃的人物。他是一位很有才能的研究家，36年时间对瑞典各地进行了大规模调查，绘制了地图，写出了许多论文。他写的惟一一篇植物学论文，也是他的学位论文，是《关于显花植物的杂种形成》。这篇总共41页的论文于1872年在斯德哥尔摩印成单行本，其中有7处引述了孟德尔的研究。

特别值得一提的是俄国植物学家施马尔豪森。他也许是算在19世纪就精确说明和恰当评论了孟德尔贡献的惟一人物了。他在写硕士论文《论杂种》（1874）以前并不知道孟德尔的理论，但在后来给学位论文补加的"附注"中，他评述了孟德尔的工作。

遗憾的是，施马尔豪森的这些评述意见连俄国国内也未引起注意，更不必说为国外学者所知了。

这样的科学家还可以再举一些，不过为数毕竟不多，更谈不到有什么大影响。就世界科学界的整体而言，孟德尔的发现被埋没了！埋没了34年！价值如此巨大，论证如此严谨而周详的科学论著，竟被埋没了如此之久，是值得人们深思的。

在19世纪后期，生物科学家们被达尔文的学说深深吸引，以为生物的根本规律已经被揭示出来，因而忽略了对其他生物学的重大发现。要是把同一时代的这两个伟人的研究成果联系起来，也许科学史上会出现更加伟大的进展。

可惜，两个人都忙于各自的研究，未能进行接触和交流。

此外，孟德尔的研究方法，特别是他的数学方法，对于19世纪的生物学家来说是十分生疏的。这也许是孟德尔学说遭遇不幸的原因之一吧。

蜂群与旋风

孟德尔的科学活动是多方面的，除植物研究外，主要还有两项：养蜂和气象观察。

孟德尔对于养蜂的爱好，始于童年时代。他就读的小学，除了普通的读、算课程外，还教孩子们栽花、植树和养蜂，所以他很早就有了一些栽花植树养蜂的初步知识。

1854年，经修道院前任院长纳普的提议，当地农业会设立养蜂部，开展养蜂研究。次年，德、奥两国的养蜂会议在布尔诺召开，有来自欧洲各地的大约四百人参加。全德著名的养蜂专家达特出席了这次会议，还在会上作了学术报告。这次会议对孟德尔是有一定影响的。

农业会的养蜂部后来发展为养蜂协会。1870年，经协会发起人亲自介绍，孟德尔成为协会会员。入会后，他立即向养蜂家们作了植物遗传学知识的普及宣传，以后不久，他又阅读了达尔文《饲养动物和栽培植物的变异》一书的德文版，其中有关蜜蜂交配的章节对他有很大启示，从此，他就正式开始了对蜜蜂的研究。

1871年，在修道院后面的陡坡上，盖起一幢红砖养蜂房。孟德尔在这里开展了有计划的、具有相当规模的蜜蜂交配实验。他养了大约五十箱蜂，有德国蜂、美国蜂、埃及蜂、意大利蜂；他对这些蜂的色泽、飞翔特征、行为和叮螫倾向都做了非常精细的研究。

从布尔诺修道院可以看到处于市中心的施皮尔贝克丘陵。屹立在丘陵上的古城堡是奥地利帝国监禁反抗者的地方。第二次世界大战中，德国人也曾在这里囚禁过反纳粹分子。它是有过这样一段阴暗历史的丘陵。现在监牢连一点影子也看不见了。丘陵被浓绿的树阴笼罩着。可以说，这一片郁郁葱葱的树木是孟德尔赠给布尔诺的礼物。

以前，这座丘陵是光秃秃的，没有一草一木。因而，阴暗的牢狱就更加突出。1873年5月，修道院根据当时的院长孟德尔的指示，拨出了一笔经费，购置苗木，修道院搞园艺的修道士们奔赴丘陵，栽上了各种苗木。孟德尔身为院长，也亲临现场指挥。所栽种的树木花卉，都是蜜蜂喜欢采蜜的种类。这样，既绿化了丘陵，又解决了蜜源，收到一举两得的效果。

孟德尔运用他丰富的生物学知识来选育与栽培蜜源植物，特别注重那些在其他蜜源植物尚无花蜜时开花的植物。孟德尔还根据蜜蜂采蜜的次数来判断植物生产花蜜的能力，根据蜜蜂吮吸花蜜后蜜囊的成分来判断花蜜的质量，从中选育和栽培花蜜量多、花蜜质好的植物。

孟德尔养蜂的目的不是为了获得蜂蜜，是为了研究动物习性的遗传问题，以证明在豌豆植物中得到的法则是否也适用于动物。但是蜜蜂是会飞行的生物，控制其受精过程是很困难的事，而且雌蜂是多重受精的。因此，蜜蜂的杂种性状就不同于豌豆。但孟德尔证明了蜜蜂杂种是可育的。这是蜜蜂杂交实验的惟一成果。1872年，孟德尔在养蜂家协会上作了关于蜜蜂的杂交实验报告。

在养蜂实践中，孟德尔感到传统的养蜂方式有许多弊端，需要找一种新的更理想的养蜂方法。他改革了旧式四格蜂箱，变四格为两格，这种蜂箱对饲养欧洲蜂特别有益。他创造了蜜蜂越冬的新方法。他将蜂箱置于地窖或温室中，缩小蜂箱之上的入口处。地窖或温室中潮气重，蜂箱内部容易发霉，孟德尔经过多年的摸索，找到了越冬防霉的方法，即将蜂箱倾斜30°角放置在地板上。孟德尔还指出，那些适应性强的蜜蜂，即使没有什么特别的保护，也可以在户外安全越冬。

饲养蜜蜂最大的风险是蜂群发生传染病。例如，由寄生性原虫引起的孢子虫病和大小蜂螨引起的蜂螨病，传染性强，危害大。当时尚无有效的治疗方法。孟德尔认为如果发生这类疾病，最好全部销毁病蜂，以免危及其他蜂群。尽管每一位养蜂者都不情愿，但除此之外当时别无良策。从养蜂学观点来看，孟德尔的意见是正确的。

　　孟德尔的养蜂活动与研究，受到养蜂专家们的肯定与重视。摩拉维亚养蜂家协会会刊曾多次报道了孟德尔的养蜂活动及成果，特别是他创造的蜜蜂越冬方法。奥地利著名养蜂专家凯门特参观孟德尔的蜂场后，给予很高的评价。他希望养蜂家们都去参观一下这个模范的养蜂场。

　　1871年9月孟德尔出席了在德国基尔召开的德国养蜂联盟会议。孟德尔在途经德国的北部时，访问了著名的养蜂家达特。由于达特参加过在布尔诺召开的会议，并在布尔诺修道院住过，所以两人很熟悉。达特做过蜜蜂的交配实验，并报告了在黑色蜜蜂和意大利种的杂种第三代中，黑色蜜蜂类型与意大利种类型以3：1之比发生分离。这是与孟德尔法则相符的。

　　后几年，到孟德尔蜂场参观的人络绎不绝。孟德尔成了养蜂界的著名人物。

　　晚年的孟德尔虽然身患疾病，且有多方面的不如意，但始终没有舍弃养蜂。他喜欢邀请好朋友参观他的蜂房。

　　一天，正值三月初，残冬将尽。园内的积雪还未融化，但是阳光灿烂，温煦如春。孟德尔带朋友参观蜂房。蜜蜂见日光嗡嗡出巢，群聚在一块木板上，孟德尔看着蜂群，脸上露出笑容。朋友在多年以后回忆起这一幕时，仍历历在目。

孟德尔曾任摩拉维亚养蜂家协会副主席，后任主席。1877年，摩拉维亚养蜂家协会授予孟德尔荣誉会员称号。

孟德尔对气象学也颇有研究，并且有所建树。他被公认为摩拉维亚地区气象学的权威，在全奥地利也享有较高的声誉。

孟德尔的气象学研究大约始于1856年，在进行豌豆杂交实验的同时，他自费购置了不少气象观测仪器，如普通温度计、干湿球温度计、最高最低温度计、雨量计等，放置在修道院内的不同场地，每天早上6时、下午2时、晚上10时他亲自观测，并作详细的记录。无论白昼黑夜，风雨无阻。若因公务外出时，就叫公务员约瑟夫代为测记。二十余年从不懈怠。他的气象学研究活动主要集中于观测布尔诺地区的气象，然后汇集资料、制成图表，呈送维也纳中央气象研究院。他曾先后发表过9篇论文，其中《依据图表来说明布尔诺的气象》一文，于1863年刊登在布尔诺自然科学协会会刊第1卷上。1869年，他与维也纳的气象学家合作发表一篇题为《摩拉维亚和西里西亚地区的气象学观测》的论文，先后被摩拉维亚5家刊物转载。孟德尔的最后一篇论文《8月15日的布尔诺及布兰斯克的雷雨》完成于1882年，发表在奥地利气象学会会刊第12卷上。

孟德尔关于气象学研究的一个突出成果是一篇题为《关于1870年10月13日的旋风》的论文。此文首先在布尔诺自然科学协会会议上宣读，于1871年发表在该会会刊第9卷上。

1870年10月13日午后2时许，天空突然变得昏暗起来，孟德尔的修道院院长办公室开始摇晃，门突然被吹开了，家具发出强烈的撞击声，顶棚和墙皮发生剥落，随着一声巨响，刹那间房屋变成了地狱般的可怕。窗子玻璃破得粉碎，四处飞溅，屋瓦也被掀开，瓦片落到屋子里米。持续几秒钟后，才安静下来。往外望去，可清楚地看到旋风离去的情景。这次风灾的危害很大，树木被折断，有的被连根拔起，房顶被掀掉。修道院损坏了1300块窗玻璃，屋瓦一块也没剩下，装有葡萄酒的木桶、木材等被刮起来在空中飞旋。根据孟德尔的记载，这场旋风是从西向东刮去的。旋风回旋的方向和表针移动的方向一致，由东向南向西旋转，而不是气象学书中说的那样从西向南向东旋转。这种情形从远处看离去的旋风更加明了。另外，刮到室内的东西全是从南、东南或东方进来，掠过孟德尔的桌子摔到北边相邻的屋子里去了。

孟德尔在论文中描述了这次旋风发生的情形及造成的危害，并对旋风的成因作了探讨。他认为旋风的发生完全是一种自然现象，它是大气层中两股反向的气流相遇后冲突的结果。这一见解与后来的气象学家关于旋风成因的论述颇为相似。这篇论文逻辑性强，语言生动、幽默，观点新颖且有创造性，是气象史上一篇不可多得的经典性论文。

作为一位气象学家，孟德尔对欧洲气象学的发展作出了重要贡献。19世纪60年代初，他参与创建了奥地利气象学会。1877年，摩拉维亚农业学会在欧洲首创用电报方法发布农业气象预报，孟德尔是主要倡导者和负责人。学会组织专人在每天下午4—5时这段时间，通过电报接受来自维也纳中央气象台的气象预报，然后将电文分送至各乡村。这是当时欧洲惟一的农业气象预报。1878年后经孟德尔建议，维也纳气象台的气象预报直接用专车晚上送往摩拉维亚各地，不再经农学会中转。同年2月24日出版的摩拉维亚学会会刊《通报》上刊登了孟德尔关于如何利用维也纳气象台气象预报的方法说明。这项工作曾受到帝国皇家农业大臣的表彰与农民的欢迎。

孟德尔晚年还致力于天文学的观察与研究。他定时观察太阳黑子的变化情况，以确定黑子的大小、形态或数量多少，以研究它与地球气候之间的关系。他将映在反射望远镜中的黑点群用图示法书写在一个直径为3厘米的圆中。他的结论是：太阳黑子在大小或数量方面周期性改变，这对地球局部地区的气候有所影响。根据现代天文学研究，太阳黑子的活动周期为11年左右，地球的气候确实同太阳黑子的变化有关。那时，孟德尔的结论就与现代天文学知识相符，真是了不起！

早在1882年，孟德尔就认识到了地磁不仅与北极光有关，而且与太阳黑子的变化有关，作为一位气象学家和天文爱好者，能够获得这样的成果，这在当时的科学界尚不多见。

反抗暴政

  1867年，院长纳普去世。翌年3月，修道院选举新院长。有12位神甫参加投票，孟德尔得11票而当选。4月1日，摩拉维亚和西里西亚的报纸报道了孟德尔当选为院长的新闻。孟德尔从此告别了长达16年的教学生涯，来到了对他来说十分陌生的岗位。

  从神甫到修道院院长，这是孟德尔一生中的大事。当时的奥地利以及整个欧洲，修道院的院长是很有权势的职位，在地方宗教、文化乃至政治生活中都起主导作用。政府新官员到职时总要到修道院进行礼节性拜访，并随时以各种方式为院长效劳。孟德尔任院长后做的第一件事，就是整修教堂，购买神器，添置教服。此举受到神甫们的一致好评。

孟德尔就职初的一段时间内还能进行他的植物杂交实验和气象研究。然而到了70年代，除了正常的宗教职责外，孟德尔因职务关系不得不参与各种社会活动，他感到顾此失彼，疲于奔命，"以致正在进行的山柳菊杂交实验只能偶尔抽身前去观看，不能像豌豆实验那样细心地观察了"。1873年，这个实验不得不草草结束。

作为院长，孟德尔是修道院的财产监护人。他上任时曾向神甫们立下誓言：

"我将竭尽全力保住修道院的财产。"

孟德尔在晚年为恪守这一誓言曾与政府发生过很大的摩擦。

1874年春，帝国议会通过一项法案，要求天主教修道院缴纳教会基金税，1875年帝国政府颁布了实施令。按规定，布尔诺修道院要在1880年前，每年上缴约等于修道院全部财产的1/10的金额。照此下去，不用几年，修道院就会财尽粮竭，非关门不可。

孟德尔确认这次公布的法令是不符合宪法的，毅然奋起反抗。他联合其他地方修道院提出了申诉书，要求撤消该项法令或减少税额。政府驳回了孟德尔的上诉，并委派摩拉维亚总督和他谈判。孟德尔寸步不让。当时的奥地利实行君主立宪制，议会和君主拥有至高无上的权力，不允许有任何反对议会通过的并经皇帝"恩准"的法令的行为。因此，政府警告孟德尔，若不执行法令，将查封修道院的财产。同时又派人暗示孟德尔，若照章缴税，政府将考虑授予他"勒奥波尔德神甫"的称号，甚至可以当选为上议院议员，孟德尔对此收买不屑一顾。政府终于发布了"查封动产"的命令。这时，孟德尔就把金库的钥匙带在自己的身上，宣布说：

"如果谁想要金库里的债券和现金，谁就得先从我的口袋里把钥匙夺走。"

政府不得已改变了措施，没收了作为修道院主要收入来源的两个庄园和债券的利息。对此，孟德尔再次提出抗议书，指出：

"这是非法的没收，是破坏宪法的。"

政府对这个抗议回复道：

"抗议是全然不当的，不值得受理。不得不指出，抗议书中的言论确实是可悲的荒谬的。对合法产生的法律的效力进行议论，并且明目张胆地声称政府为实施法律所采取的处置是违反宪法，你的所作所为与忠实的国民的第一项义务—对服从现实法律所规定的义务，委实有很大的矛盾。尤其你是修道院的代表，竟发出这样的言论，已经达到了决不可以宽恕的地步。"

孟德尔并未被吓倒，他进一步提出抗议，政府再次驳回。冲突愈演愈烈。

在这样翻来覆去的不知何时了结的纷争当中，当初和孟德尔合作的一些教会当事者，看到胜诉无望，慑于压力，逐渐改变了初衷，陆陆续续离开了孟德尔而屈服于政府。政府对这种屈服的报偿是减少征收他们的税额。孟德尔完全孤立了，但他仍坚持己见，毫不屈服。1878年年末，孟德尔又一次提交抗议书。抗议书中申诉说，这项法律的适用范围不该施展到像布尔诺修道院这样由捐献资助而创立的寺院，事情发展到了这样的地步，修道院将停止对各种公益团体等的资助，也将把国家正在加诸于本修道院的不公正向公众揭露。政府对此抗议采取不予理睬的态度，于是孟德尔再次提交抗议书。政府的官员们竟认为孟德尔是患有偏执狂的修道院院长，对他的抗议书以不耐烦的态度处置。修道院内外，也有人偷偷地传播着政府的说法，于是，人们渐渐地躲开了孟德尔。这场长达10年之久的周折消耗了孟德尔大量精力，使他痛心的是，他失去了不少朋友。他这么一个随和的人，变得苦闷、孤独。同时，这也大大地损害了他的健康。

孟德尔的抗议书，有案可查的达13次之多。他最后的一次抗议书是在1883年5月4日，孟德尔毕竟疲倦了，那最后的抗议书很短，很潦草，可是其毅然决然的立场，一点也没改变。

直到孟德尔去世两年后，这场冲突才达成和解：修道院承认政府法令，政府减免税额。政府维护了权威，而修道院保住了财产，这应归功于孟德尔长期的斗争。

孟德尔的这种坚韧顽强的反抗精神，一方面与前辈克拉谢尔革命思想的影响有关，另一方面与他的家庭环境和本人经历有关。

克拉谢尔是一位哲学教授，一位革新思想家。孟德尔初进布尔诺修道院时，就是作为克拉谢尔的助手从事植物杂交实验的。他在植物学方面的启蒙知识来于克拉谢尔。当克拉谢尔被官方驱逐出修道院，前往美国时，作为修道院院长的孟德尔给他提供了相当大的帮助。可以说，克拉谢尔的反抗精神也对孟德尔产生了一定影响。

在孟德尔的故乡，农民对政府的压迫曾进行过多次反抗，他们不是采取隐蔽的方式进行抵抗，而是当面要求裁判，以至上告到最高法院，甚至向维也纳皇帝提出过诉讼。孟德尔对故乡充满深情。

1873年，孟德尔曾回故乡参加外甥的婚礼。这是他任院长后第二次回家，也是最后的一次。虽回乡次数不多，但孟德尔十分关注乡情。70年代，他发起创建了海因多夫消防队，并为此捐出一大笔钱，而乡亲们送他一份装潢精美的证书，尊他为消防队名誉队员。

奥地利是世界著名音乐大师施特劳斯的出生地，也是音乐巨匠贝多芬的第二故乡。19世纪的奥地利音乐已蜚声海外，但孟德尔对音乐并不感兴趣，他极少去剧院看戏，也不涉足音乐厅去聆听醉人的交响乐，只是专心致志地攻读科学著作。尽管如此，当布尔诺音乐协会经费匮乏时，他还是慷慨地解囊相助。1872年，布尔诺音乐协会授予他荣誉会员的证书，感谢他的帮助。

孟德尔性格内向，但他坦率，也非常好客。他任修道院院长时，每年的圣托玛斯节或圣诞节时，他总是热情地接待各方的朋友来访，不论尊卑贫富，对于贫苦的人，他也给予同样的热情和招待。

他就是这样的一个人，心地善良，慷慨大方，但绝不屈服于暴政。他平易近人、道德高尚，既在学术上有极深的造诣，在品德修养方面也是一流的，堪称德才兼备的科学家。

惨淡的晚年

1873年，孟德尔任修道院院长已五年多，在给耐格里的最后一封信中，有这样一段话：

"山柳菊又开花了，可是我只偶尔用一点点时间去看看它，已经不可能仔细地、慢慢地进行观察了。忙碌到这样程度，以至于对植物和蜜蜂，我已处在不得不等闲视之的地步了。"

和许多身居要职的人一样，作为修道院院长的孟德尔，其繁忙的情景已跃然纸上。

布尔诺修道院的目标除宗教活动之外，还在于对自然科学作出贡献。根据这样的目标，孟德尔也一直进行着研究。可是，当上修道院院长后，就有许多想不到的杂事分散了他的精力。

他承担着一系列职务：摩拉维亚农业会会长的事务帮办、农业补助金分配的审查、督学、技术员的考官、负责写各种申请报告、法案制定顾问、书籍评论员、选举管理员、地租调整员、聋哑学校管理、不动产银行的总经理等。他当年任总经理的银行，现在变为国立剧场。孟德尔每天都在上午11点去银行上班，在那里需要处理几个小时的业务。

此外，由于职务关系，孟德尔不得不参加几个团体。他和下面众多团体发生关系，诸如：布尔诺圣雅可布教会建设协会、布尔诺圣约瑟夫·弗拉温协会、斯拉布·天主教协会、布尔诺音乐协会、布尔诺饮食研究会、摩拉维亚战争孤儿及负伤军人救护联盟、幼儿医院协会、保护盲人协会、保护乳儿设施、学校十字架联盟，等等。

假如孟德尔不是这样忙碌，他还会多活些年，还会再从事些研究，会在科研上取得新的进展，也可能在他活着的时候得到科学界广泛的认同；也许达尔文将首先带头重复他的实验，采纳其成果，并修改其进

化论。另外，其法则还可能被海克尔的《生命之谜》
（1904）、斯宾塞的奠定生物学基础的《社会学》
（1873）和《生物进化论》（1887）所吸收，或进而
扩展到恩格斯的《自然辩证法》（1895）中去。若纳
入孟德尔的遗传法则，上述著作的内容会更加丰富与
深化。

　　1884年1月6日是个星期天，凌晨二时许，孟德尔
在修道院的一间屋子里安详地逝世了。

　　孟德尔去世前不久，在12月20日给维也纳的友人
约瑟夫·利兹纳教授写了一封信，这是孟德尔生前写的
最后一封信。信中这样写道：

　　时常拜读您的大作，不胜感激。可是除个别情
形外，我却未能答谢，甚为失礼。现在您正是能最积
极地从事研究的时期，而我却处于相反的状态中了。
如今，我对自己未能进行气象观测而感到内疚。有什
么办法呢？我从今年五月份起因心脏病卧床，如今相
当严重了，自己一个人已不能操纵观测器械了。也许
今世我们已相见无期，所以，今天请允许我向您告别
吧！并愿上帝赐福于您的气象学。

　　光荣属于你。

1883年12月20日

于布尔诺

格里戈尔·孟德尔

收信人利兹纳教授曾在布尔诺受教于孟德尔。后来在维也纳学习数学和物理学，从1875年起做了维也纳大学的气象学和地磁学研究的助教。接着又做了维也纳地质专门学校的教授，讲授气象学课。之后做布尔诺农林专门学校的教授，继而成为布拉格大学的教授。

利兹纳夫妇曾在1882年的夏天，从维也纳到布尔诺访问孟德尔。那时，孟德尔的身体还很健康，正进行着气象观测。孟德尔还对修道院的水井进行地下水位的测定。利兹纳那次是来向孟德尔索取水位测定资料的。

孟德尔热情地欢迎了他们夫妻。他们在布尔诺逗留了一个星期。孟德尔在吃午饭和晚饭时，总是要照例离开座位，亲自去进行气象观测。餐桌上，谈话的内容也是离不开蜜蜂、气象观测，还谈到税务问题与政府之间的漫长抗争。孟德尔说：

"修道院的财产，一定要保护到底。"

　　孟德尔从少年时代起就多病，特别在奥尔米茨的哲学院时代，曾因病而不得不停学一段时间。孟德尔来到布尔诺后，经常感到疲劳，当时的修道院院长为他的健康很担心。

　　孟德尔老年时身体肥胖，他采用各种方法减肥，如早起床、限制饮食等，但不奏效。医生告诉他吸烟可以减肥，他吸烟就愈来愈厉害，每天至少吸20支雪茄。过度的吸烟渐渐损害了他的健康。他在去世前的十年间，脉搏竟达每分钟120次。学术上的不得志、与政府的长期冲突，使他变得郁郁寡欢，他愈来愈肥胖。1873年，孟德尔在给耐格里的信中写了这样一段话：

　　"我已经不能做采集植物等活动了。因为我的身体太重，已经达到对万有引力过于敏感的程度了，我已被祝福在天国里了。"

　　从1883年的春天起，孟德尔的死期就临近了。当时孟德尔作了一次寻常的旅行，却引起了感冒，从此卧床不起。公务上的事也不能再做了。孟德尔曾在东摩拉维亚的温泉疗养过，可是过后不久身体出现了水肿。7月末，根据医生的诊断，孟德尔的心脏受到了水肿的侵害，需要绝对静养。

10月1日，孟德尔作为院长最后一次执行公务。这一天是新进来的修道士的着衣式。通常，着衣式应该在教会里举行，可因为孟德尔生病，改在修道院院长室。在这次着衣式上被任命为修道士的约安内斯·巴西纳，后来在1901年当上了院长。

举行着衣式后，躺在病床上的孟德尔回顾了自己的一生，凄楚地说：

"我的一生充满苦难，可是也曾有过美好时光，所以我应该感激。我能专心致志地把自然科学的研究搞到底。大概不会太久，世界将承认我的研究成果……"

孟德尔一直水肿，严重时从脚上渗出水肿液。他一声不响地忍受着痛苦，等待着死神的来临。有时他默默地坐在沙发上，情绪不好时就躺在床上。护士每天都为他换洗包扎双脚的绷带。在临终的那一天，绷带却是干的。护士悄声说：

"今天不流渗液了。"

孟德尔低声地回答说：

"是的，似乎好点儿了。"

这哪里是好点儿，不过是死前的回光返照罢了。

孟德尔在弥留之际，举行了往身上涂油的仪式。天主教把这种仪式称为终油的秘迹，只在病人临死时进行。这种仪式并不是为了减轻死亡的痛苦，而是为了信徒在临死时，基督以此来拯救他的信徒的灵魂。

秘迹仪式是个严肃而感人的场面。除了当班的牧师外，还有几个修道士列席。他们一同祷告，孟德尔也高声地唱和。接着，又合唱赞美诗。孟德尔模糊地看着他身边的修道士们，眼睛渐渐地失去了活力。当涂油仪式结束时，孟德尔已丧失意识，夜深，孟德尔停止了呼吸。

根据孟德尔本人的愿望，医院院长布伦纳掌刀解剖了孟德尔的遗体。结果确定孟德尔的死因为心脏病和肾炎。

修道院发出了孟德尔的死亡公告，这是根据孟德尔本人事先拟好的稿子写的。

当天的布尔诺报纸在报道孟德尔逝世的消息时这样写道：

"由于孟德尔的逝世，贫苦的人们失去了一位大恩人，人类失去了一位具有最高人格的人，失去了一位把热情的手伸向自然科学并保护它使之进步的良师益友。"

是的，可以说孟德尔对自然科学倾注了毕生的精力和心血。

就在他逝世的前两天，即1月4日，孟德尔还在从事研究。他把气象观测的结果口授给身边的人记录下来。就在这天的中午，孟德尔的心脏病恶化，医生的诊断结论是"无法可治了"。

孟德尔逝世后，在大圣堂中举行了庄重的弥撒。合唱队在著名音乐家的指挥下唱了悼歌，许多市民也参加了追悼会。

参加送葬的队伍很长，人们默默地、低着头向布尔诺的墓地走去。以政府的高级官员和大学教授为首，还有神甫、天主教徒、新教的牧师、犹太教的教士和接受过孟德尔帮助的诸团体的代表们，他们感激孟德尔，来与他诀别。此外，极其众多的贫民也自发地参加了孟德尔的葬礼，以感激孟德尔曾把温暖的援助之手伸向他们。

孟德尔的墓碑不高，上面用拉丁文镌刻着"格里戈尔·约翰·孟德尔"。后来，又建了一块用捷克语书写的墓碑。

　　1910年，世界各国学者集资，在布尔诺修道院前的广场上，建起了一座孟德尔的大理石雕像。

我的时代总有一天会来临

1900年，孟德尔的名字在欧洲突然显赫起来。这一年，是孟德尔逝世后16年，也是他的论文《植物杂交的试验》发表34年。

修道院院长孟德尔作为主角跃居于生物学舞台，这场"戏"的帷幕是由荷兰阿姆斯特丹大学的教授德弗里斯拉开的。

德弗里斯在1893年进行月见草的杂交实验。在杂交后的子一代和子二代中，他发现了有规则的遗传。于是，进一步做了详细的实验，导出了一个法则。为了了解在自己之前是否有人进行过这样的研究，德弗里斯查找了大量文献。在《植物育种》中，他了解到孟德尔的研究，以后又从布尔诺自然科学会志中读到了孟德尔的论文。欣喜若狂的德弗里斯将自己的研究结果用德文和法文总结出两篇论文发表了。德文的论文题为《杂种的分离法则》，登载在德国植物学会杂志第18卷；法文论文以《关于杂种分离的法则》为标题发表在法国科学院报《报告文集》的第103卷上。

他在法文论文中写道：

"除了在月见草属植物之外，在麦仙翁、白屈菜、曼陀罗等总共11种植物的杂种第二代中，发现性状分离比为3：1。"

这结果和孟德尔的研究不谋而合。

在德文论文中，他提到了孟德尔的名字："以上两项原理的要点，以前已由孟德尔在一个特殊的情况下提出过，可是，当时它未引起重视和认同，逐渐被世人遗忘了，后人无人知晓。根据我的实验，就真实的杂种而言，它具有普遍的准确性。""在一对相对性状中，孟德尔将在杂种上表现出来的一方称为显性，不表现的一方称为隐性，""作为结论，孟德尔在豌豆属中发现的分离法则，具有极普遍的适用性。"

同一年里，德弗里斯还将这项研究发表在法国的《植物学一般报告》的第12卷。在最后一页，他写道："这个法则并不是新的。在30多年前，这个法则在豌豆实验中已被阐述了。格里戈尔·孟德尔在标题为《植物杂交的试验》的论文中早就发现了这条规律。"

像德弗里斯这样将相同的研究成果发表在不同的杂志上，在现代被认为是一稿两投的不好的作法。可在当时并无不对之处，也多亏如此，孟德尔的名字才广为人知。

同年，慕尼黑的一位大学教授卡尔·埃利希·科伦斯正从事植物遗传实验。根据他的实验，不论豌豆还是玉米，杂种的后代都发生规则性的分离。起先一段时间，他并不理解这种规则性。可是在1899年10月的某一天黎明，他还躺在床上的时候，突然脑中闪现出一种解释。不久，他读到孟德尔的论文，知道一位名不见经传的学者在过去已进行过同样的研究，感到异常惊讶和敬佩。

第二年，1900年4月，德弗里斯给科伦斯寄来了《关于杂种的分离法则》地论文副本。

它报道着和自己的研究相同的结果。科伦斯更为惊异，他将自己的研究总结成一篇论文，并立即向德国植物学会杂志《德国植物协会报告》投稿。他在论文的标题中强调了孟德尔的名字，写为《在杂种后代的表现式中的G·孟德尔法则》。

科伦斯之所以能立刻举出孟德尔的名字，是因为他读了孟德尔的论文后，对他十分敬仰。

在这篇论文中，科伦斯写道："我也得到和德弗里斯同样的实验结果。对于规划性状找出解释时，我曾以为是我的新发现呢。这一点和德弗里斯一样，他也似乎这样想过。可是，不久便知道了这是误解。其实，该法则是布尔诺修道院院长孟德尔在19世60年代，以豌豆为材料，经过多年广泛的实验，最终得到和德弗里斯相同的结果，并已做过相同的说明。于是我称此为孟德尔法则。

科伦斯的论文较德弗里斯稍晚，刊登在同一杂志的第18卷上。

再发现孟德尔法则的另一位学者，是维也纳农业大学的埃里希·冯·丘马克。他是园艺植物品种改良学家，他的实验项目之一是培育杂种。研究材料选的也是豌豆。他最初是在比利时的肯特植物园从事这项实验的，回到维也纳之后，他在福克的书中看到孟德尔的名字，并从图书馆里找到了布尔诺自然科学会杂志。

读了孟德尔论文的丘马克，为早在35年前孟德尔的研究感到惊讶。他在总结自己的研究时引用了孟德尔的研究论点，他的论文标题为《关于豌豆的人工杂交》。1900年1月，他将论文呈递维也纳大学校长，作为他当大学讲师的就职论文。当时的丘马克不过是个29岁的青年学者。

丘马克终生致力于表彰孟德尔的功绩，建立孟德尔纪念碑的活动，就是由他发起的。

4个月之后，在比利时相识的德弗里斯将法文论文的副本寄给他，丘马克对此感到十分兴奋。他将自己的论文摘要报告向德国的杂志投稿。标题仍然是《关于豌豆的人工杂交》。结果，他的论文也被登载在德国植物学会杂志的第18卷上。

就这样，三位植物学家在同一年里，而且同在德国植物学会杂志的第18卷上，发表了相同的法则。

英国人贝特森高度重视孟德尔法则的生物学意

义，他说："孟德尔法则是千古的真理。这一点已明若观火。"

孟德尔法则，就如同太阳，照耀着生物学的发展道路。

孟德尔生前曾充满自信地对好朋友尼耶塞尔说过："等着瞧吧，我的时代总有一天会来临！"

孟德尔的时代果真来临了。孟德尔奠基的现代遗传学，又迅速经历了从细胞遗传学，到分子遗传学，直到基因工程的一个又一个新时代。

1900年是个伟大的年代，孟德尔法则的重新发现，标志着遗传学开始从生物科学中分化出来，成为一门独立的实验性科学。将近一个世纪以来，遗传学的发展日新月异，从原来描述性的科学发展为一门可用公式、模型、数量定量地表达生物遗传和变异规律的准确性科学。如今，遗传学已渗入到科学和社会的众多领域，成为一种促使自然科学和社会科学结合的力量，在解决当代科学和社会实践中提出的一些尖端课题中发挥着巨大作用。

继承与发展

　　正当孟德尔将自己8年的研究成果整理成论文发表时，又一位著名的生物学家诞生了。他就是托马斯·亨特·摩尔根（Thormas Hunt Morgan，1866—1945）。

　　1886年9月25日出生于美国肯塔基州的列克辛顿。家庭可谓名门望族。他童年时，经常喜欢在乡间及山区采集植物、捕猎动物和广搜各类石头，表现出对新奇大自然的爱好。1886牛，他在肯塔基大学获得动物学学士学位。同年到霍普金斯大学读博士学位，集中研读形态学和胚胎学。1890年，他完成了《论海洋蜘蛛》论文，同年获哲学博士学位。

摩尔根在以后的科学生涯中，作为一位著名的遗传学家闻名于世。同时，摩尔根还是一位很有造诣的胚胎学家。在他一生中，对胚胎学的研究始终没有间断过。

自1900年，由三位植物学家重新发现孟德尔法则后，不少生物学家投身到遗传学研究领域中，推动了这门科学的发展。当时对这门科学发展最为热忱的支持者是英国植物学家贝特森。他在1900年以前并不知道孟德尔，当他了解后，第一个把孟德尔的论文翻译成英文，并在一次皇家园艺学会会议上，报告了自己的一系列试验，论证了孟德尔定律的正确性。他第一个把研究生物遗传和变异的这门学科称之为"遗传学"，从此，遗传学成为生物科学中的一个重要学科。1909年，他出版了《孟德尔的遗传原理》一书，对传播孟德尔学说和推动遗传学发展起了积极的作用。

作为一位实验胚胎学家，摩尔根开始并不接受孟德尔的遗传理论，对孟德尔提出的遗传规律是持怀疑态度的。在1902年之前，虽然已有研究者提出染色体行为等和孟德尔遗传因子分离有关的论点，但是摩尔根认为证据不充分，下此结论还为时过早。他认为自然界中大量的遗传现象远比孟德尔定律复杂，孟德尔定律只能适用于特殊的、例外的情况，而没有普遍意义。

摩尔根是个实验主义者。他对实验工作有着强烈的兴趣。他认为在科学研究中，那种玄妙的思辩方式有害于科学思想的健康，实验方法远比推论和思辩方法高明得多，它能够得到更为可靠和严密的结论。

1909年，摩尔根开始培养果蝇，用来做实验材料。果蝇是一种蝇类，喜食腐烂的水果，故名果蝇。它体型较小，体长只有半厘米，三十多万个果蝇的重量只有0.5千克，但繁殖很快，只要一天的时间其卵即可孵化成蛆，2至3天后变成蛹，再过5天就羽化为成虫，成虫又可大量产卵。从卵到成虫只要10天左右，一年可以繁殖30代，便于饲养、管理和观察。

1909年下半年，摩尔根把得到的果蝇放在实验室里培养，让它们的卵、蛆、蛹和成虫在高温和低温下经受锻炼，并给它们吃奇异多变的食物，甚至用放射线刺激它们，希望能看到一些异常变化，但却一无所获。在1910年4月的一天，摩尔根终于在红眼的果蝇中发现一只异常的白眼雄性果蝇。他把这只白眼雄果蝇与其他红眼雌果蝇交配，结果正如孟德尔法则所说的那样，子一代全部为红眼果蝇。子一代之间再交配产生的子二代中，3/4为红眼果蝇，1/4为白眼果蝇。令人惊奇的是，子二代中所有白眼果蝇都是雄性。根据子二代的分离比率，摩尔根认为红眼与白眼是一对基因决定的，红眼为显性，白眼为隐性。白眼后代全部为雄性果蝇，表明决定眼睛颜色的基因与细胞中决定性别的染色体有明显关联，而产生这种联系的原因，决定于眼睛颜色的基因位于决定性别的染色体上，他把这种现象专门叫做性连锁，由此才开始承认孟德尔法则和染色体遗传理论。

白眼果蝇并不是摩尔根发现的惟一突变类型，后来他又陆续发现一种小型翅果蝇、橄榄色的果蝇、翅膀边缘呈念珠状的果蝇、微型翅和短翅果蝇、黑色果蝇、无翅果蝇等。在不到3年的时间里，他先后发现的突变个体果蝇达四十个之多，果蝇很快成为遗传学中重要的实验对象。

从此，摩尔根和他的学生们在一起形成了一个坚强的遗传学研究集体，又发现遗传基本法则之一的连锁互换法则，提出基因在染色体上作直线排列和在染色体上各占有专一位置的基因理论，为发展细胞遗传学作出了重大的贡献。

摩尔根对连锁互换现象曾作如下说明：

由于表现连锁的基因在同一染色体上，因此它们在减数分裂时，经常随着两条同源染色体一起分配到不同配子中去，产生亲本型配子，为完全连锁。另外，由于在减数分裂双线期，有一部分同源染色体的两个非姐妹染色单体在两个基因之间发生片断交换，因此它们在形成配子时，除产生大多数亲本配子外，又产生少数交换了染色单体片段的重组型配子，这种现象表现为不完全连锁。这种连锁互换法则在遗传学中被称为第三法则。

1926年，摩尔根正式出版名著《基因论》，论述了遗传学中的基本原理、遗传的粒子理论、遗传的机制、染色体与基因的关系、突变性状的起源、染色体畸变、基因和染色体与决定性别的关系、性转化等一系列问题。此书不仅全面总结了他在遗传学方面的成就，还归纳了20世纪以来在遗传学发展中的重大成果，成为遗传史上一部经典著作。

1928年，摩尔根在《基因论》的修订版中总结他的理论时说：

"基因论认为个体上的种种性状都起源于成对基因，这些基因互相联合，组成一定数目的连锁群；认为生殖细胞成熟时，每一对的两个基因依孟德尔第一定律彼此分离，于是每个生殖细胞只含一组基因；认为不同连锁群内的基因依孟德尔第二定律自由组合；认为两个相对连锁群的基因之间有时也发生有序的交换；并且认为交换频率证明了每个连锁群内诸基因的直线排列，也证明了诸基因的相对位置。

"我把这些原理冒昧地统称为基因论。这些原理使我们在严格的数字基础上研究遗传学问题，又容许我们以很大的准确性来预测在任何一定情形下将会发生什么事件。在这几方面，基因论完全满足了一个科学理论所应具备的必要条件。"

就这样，摩尔根在果蝇遗传基础上发展了前人的遗传理论，创立了新的染色体—基因遗传理论。这在粒子性遗传理论中达到了最完美的形式。这个理论表明生物遗传是由遗传基本单位—基因发生作用，基因在染色体上作直线排列以及在遗传传递中，基因表现完全符合分离规律、自由组合规律及连锁互换规律。这三个规律成为经典遗传学的三大规律。这个理论几十年来成为遗传学研究的理论基础，并在实践中得到充实、修正和发展，成为现代遗传学的基本理论之一。

染色体—基因理论已经开始触及到生物遗传机制的实质问题，但是限于当时的科学水平和认识能力，还不能对基因赋予实体的内容，基因如同"遗传因子"一样，只是一个遗传性状的符号。摩尔根在1926年出版的《基因论》一书中，预见了基因将是一个化学实体：

"我们自然很难放弃这个可爱的假设，基因之所以稳定，是因为它代表着一个有机的化学实体。"

另外，摩尔根还提出基因的大小约和大型有机分子相接近的观点。但是，证实这个假设的正确性的任务落到了以后的遗传学家、生物化学家和物理学家身上，需要他们协同作战，从不同角度来攻克"什么是基因"的问题。

分子遗传学业已证明，基因是DNA分子中的一定核苷酸论断，它在染色体上是一个占有一定空间的实体。因此可以这样说，染色体—基因学说的创立，成为经典遗传学向分子遗传学过渡的桥梁。随着对基因概念认识的日益清晰，人们揭示生物遗传和变异的规律也将愈加深刻。

1933年，为了表彰摩尔根在创立染色体—基因理论方面的功绩，他被授予该年度的诺贝尔奖。

1953年4月，美国的生物学家和英国的物理学家克里克把他们的研究成果——论述DNA分子双螺旋结构分子模型的论文发表在英国的《自然》杂志上，引起了学术界的巨大反响。学术界认为DNA双螺旋模型的成功建立，其影响之深远，不仅使生物学将以崭新的面貌出现，更直接的影响是使人们对生物的遗传机制的认识发生一次质的飞跃，基本上解开了遗传之谜，标志着生物科学的研究发生了根本性的变革。

分子生物学的发展不仅在探索生命的奥秘方面有着重要的突破，而且将开辟遗传学研究的一个新的领域，使遗传学逐渐走向产业化的道路。

19世纪70年代后期，人们在分子生物学和细胞生物学的理论基础上，采用更为先进的手段，建立起现代生物工程的技术体系。

生物工程的兴起，标志着现代遗传学已发展到人们可以定向控制遗传性状的新阶段。它和微电子、新材料一起被称为世界新技术革命的三大支柱。

生物工程操作的对象是可生性的生物资源，不受地球上有限资源的限制，它的作用条件一般是在常温常压下进行，可以节省能源和原材料，防止环境污染，另外，还有生产周期短、投资少、效益高等优点。毋庸置疑，生物工程的发展将导致传统工业结构的调整与改革，在解决人类面临的难题中必将发挥着它的巨大潜力，成为推动当前新技术革命的动力。同时，它诱人的前景引起世界各国的极大重视，它将对世界经济发展起到举足轻重的作用。

日本科技界提出这样一个耐人寻味的说法："今后将不再是'矿物时代'而是'生物时代'了；谁抓住了生物，谁就是时代的霸主。"

在美国也流传着这样一种说法，认为19世纪40年代是塑料工业的全盛时代；50年代是半导体的全盛时代；60年代是计算机的全盛时代；70年代是微型计算机的时代；80年代则是遗传工程的全盛时代。还有一种以主导科学来划分的说法，认为30到40年代是物理学时代；50至60年代是化学时代；70至80年代是生物学时代。《大趋势》的作者约翰·奈斯比特这样预测："在今后20年当中，将是生物的时代，正如过去20年是微电子时代一样。"国际科学界的有识之士纷纷预言：21世纪将是生物学世纪，生物学是21世纪的主角。在这些说法中，不管时间划分的准确性如何，有一点是共同的，那就是都强调了生物学的重要性，而这些预见的根据，就是新兴的生物工程的崛起，生物学已从实验室走向流动领域。因此，世界各国都把生物工程列为优先发展领域，采取有力措施，加大经济投资，以促进生物技术的迅速发展。对于发达国家来说，他们预感到生物工程产品，将是世界经济市场竞争的目标，因而发达国家都想在目前发展阶段中，牢牢地控制主动权，因此，竞争激烈；对于发展中国家来说，生物工程的发展将为他们解决经济和社会领域出现的难题带来机遇，因而发展中国家也不甘落后，奋起急追。由此，形成了国际性的生物工程热。

生物工程的前景诱人，与人类的未来息息相关。

生物工程在农业上的研究和开发已被大多数国

家放在非常重要的位置。生物工程技术在农业上的应用不仅改变着现有的农业体制和模式，促进农业现代化，同时，伴随而来的是为粮食、副食的高速发展开辟了新途径。生物工程技术在农业上的应用是多方面的，如：培育优质、高产、抗旱、抗寒、抗涝、抗盐碱、抗病虫害的优良品种；生产禽畜用疫苗；利用生长激素促进动物生长发育，并提高乳、肉、蛋的产量；用胚胎移植加速动物良种的繁育；生产高效无毒的新农药；利用农业废弃物，发酵生产沼气、乙醇和饲料蛋白；研究生物固氮，提高植物固氮能力；等等。它的一系列成就，无疑会引起传统农业的重大变革，大大促进农业现代化的进程，并导致一场新的"绿色革命"。

制药工业是生物工程开发研究得最早，也是进展最快的一个产业。

传统的药物和诊断用的生化药物制造材料，多取于生物体的脏腑、组织、细胞、血液、尿液等方面。由于原材料资源的限制，使其发展受到较大影响，且产品价格昂贵。现在采用生物工程方法来制造，既不受原材料的限制，且生产量大，产品纯净、安全、有效，价格也比较低廉。例如，用传统工艺生产10克胰岛素，需要猪或牛的胰腺454千克，而用"基因工程菌"在"细菌工厂"里发酵生产，在200升发酵液中就可提取同量的胰岛素。再如，人的生长激素是临床上应用广泛而且具有很高疗效的一种激素。过去生产这种激素的惟一材料是来源于人尸的脑垂体，大约600个人尸的脑垂体的提取量只能治疗一个侏儒症病人。现在应用生物工程方法，在每升发酵液中就可提取2毫克这种激素。另外，干扰素、抗生素等的制造同样容易得多。总之，生物工程在医药方面的研究和开发是一个广阔的领域，它直接涉及到人类的健康，因此引起各国科学家的重视。同时，这一领域所产生的经济效益也是极为可观的，这也引起经济界人士的浓厚兴趣。

在轻工食品方面，利用生物工程技术是加快经济积累并改变人类的食品结构和饮食习惯的一个有效途径。传统的人类食品的生产受到时间（季节、生长期）和空间（产地、种植或养殖面积）等因素的制约，远远不能满足日益增长的人类社会的需要。应用基因工程或细胞融合技术的细胞工程方法，可将人类必需的营养物质通过发酵培养，大量生产。例如，氨基酸是一种重要的营养补充剂和饲料添加剂，广泛地应用于食品工业和医药临床上。过去一般用水解法分解蛋白质提取氨基酸。这种传统工艺远不能满足人类的需要。日本科学家应用细胞融合技术，使一种产量高但生长速度慢的菌与生长速度快的另一种菌融合，结果组成兼备二者优点的新的工程菌。这种菌经发酵大量增殖，氨基酸的提取量大大提高。利用现代生物工程技术还可使菌种产氨基酸率成倍地提高。一般食用的味精（谷氨酸）是氨基酸中占比重最大的商用氨基酸，旧工艺用粮食发酵生产，产量低，鲜度也低。现在以酵母核糖核酸为原料，应用生物工程技术，生产出助鲜剂，制成复合味精，其鲜度为谷氨酸的40至60倍，是国际市场主要竞争产品，销路很广。

在冶金工业方面，随着生物工程技术的进展，人们利用某些特殊的细菌——主要是硫杆菌属的个别菌种和嗜高温、嗜酸性的硫化细菌及其代谢产物作为浸矿剂，把矿物或矿物中的有用金属溶解出来，并进一步收集，回收得到某种金属。

现在，世界上已有多个国家利用细菌冶金技术，从20个大铜矿山中浸出的铜，每年达20万至30万吨。

在能源方面也有生物工程技术的用武之地。乙醇已被认为是一种代用能源。现在通过微生物发酵法可把甘蔗、木薯、玉米渣、树木、农作物、野生植物等加工处理，生产乙醇。科学家用基因工程创造一种多功能的超级工程菌，使之分解植物纤维和木质素。利用稻草、木屑、植物秸秆和食物下脚料等都可生产乙醇。发展沼气也是解决能源短缺的一种方法。应用基因工程培养高效的厌氧细菌来分解废渣、废水，并转换成沼气。利用微生物还可提高石油采收率。应用生物工程技术还可培育出石油代用品。

生物工程技术还可应用于环境保护方面。利用微生物或酶降解各种有毒物质的能力，通过生物工程技术构建"超级细菌"，用以净化废水、废物和废气，化废为宝，达到能源、资源和环境三者综合受益。

总之，生物工程技术涉及到国民经济的众多领域，它作为一种生产力，对科学和社会发展的影响和作用，随着这个新兴产业的不断开拓将会越来越大，前景越来越诱人。

从1900年至今，一个多世纪以来，遗传学的研究已涉及到人类生活的各个方面，它的发展影响到很多领域的发展；而这些科学领域的发展又对遗传学提出了许许多多的新的研究课题。我们已经看到，在探索和治理当代人类面临的难题，如人口问题、农业问题、能源问题和环境问题中，遗传学已成为一个必不可少的方面。当我们享受生物遗传工程所创造的现代文明成果的时候，我们不会忘记，生物遗传学之父——孟德尔。

孟德尔理论在中国

1900年，孟德尔的论文《植物杂交的试验》被再次发现后，孟德尔遗传理论便在欧美各国广泛传播，1903年传入日本。但在上世纪初的十几年，中国学术界对孟德尔及其遗传理论仍一无所知。据中国学者郭学聪研究，光绪末年出版的一些生物学教科书、博物大辞典以及一些学术刊物，均未发现介绍孟德尔及其遗传学理论的文章。直到1913年，《进步杂志》上译载的《生命之解谜》一文，才介绍了孟德尔的遗传理论，指出"其所论述，可与达尔文之进化论争光焉"。这大概是中国最早的一篇介绍孟德尔遗传理论的文章。1914年，周建人在《中华教育界》杂志上发表题为《遗传学》的文章，说明孟德尔所发现的遗传规律适用于整个生物界。1915年，《科学》杂志创刊号上，秉志的《生物学概论》、钱崇澍的《天演论新义》等文章都谈到孟德尔定律。1916年《科学》专门介绍了孟德尔及其成就，称孟德尔遗传理论"实为生物学别开生面……与达尔文天择学说蔚然并峙。其开造化之秘，有助于畜牧种植及人种改良者，实非浅鲜也"。1918年，《学艺》杂志发表了蒋继尹的《闵（孟）德氏之遗传定律》一文，配合图表，较详细地介绍了孟德尔及其遗传理论。1919年，陈寿凡在所著《人种改良学》一书中，不但介绍了孟德尔的遗传法则，而且应用孟德尔遗传理论论述了人种改良的问题。

20世纪20年代，孟德尔遗传理论在中国的传播更为广泛、深入。1920—1921年，《学艺》杂志分5期全文发表了顾复翻译的孟德尔的论文《植物杂交的试验》。顾复在谈到孟德尔论文重要性时指出："此区区40页论文实建设晚近实验遗传学之基础。是与'种原论'并驾齐驱，而较之'种原论'更为精密深邃之世界名著也。"1922年是孟德尔诞辰100周年，上海《时事新报》用了两天副刊8个版面出版了《曼（孟）德尔百年纪念号》，刊登了孟德尔的照片和数篇纪念文章。同年，《民锋杂志》在《进化论专号》栏目中也刊文介绍孟德尔生产及其科学成就，指出"曼（孟）德尔在学术上的功绩除遗传规律外，对气象学亦颇多贡献"。与此同时，高等学校的有关系科及高级中学所开设的生物学课程，也开始讲授包括孟德尔遗传理论在内的遗传学。

　　一般说来，20世纪初，中国主要以编译文章形式普及、传播孟德尔遗传理论。到了二三十年代，我国学者才开始以孟德尔遗传理论为指导，进行遗传学方面的研究。中国遗传学家李汝琪赴美在摩尔根实验室，以果蝇为材料进行实验研究。遗传学家陈桢对金鱼的遗传、变异研究成绩卓著，至今仍被视为遗传学研究的经典工作。他们是我国实验遗传学研究的开拓者。遗传学家谈家桢在20世纪30年代以果蝇和瓢虫为材料的遗传学研究，也获得重要成果。在进行这些基础遗传理论研究的同时，一些学者还把孟德尔遗传理论应用于育种实践，促进了育种工作的进展。此时，在报刊杂志上介绍孟德尔及其理论的文章也很多。

1936年，商务印书馆出版了林道容从日本转译的孟德尔的论文《植物杂交之研究》单行本，收入"万有文库"第二集。第二年又以汉译世界名著单行本发行。1936年，商务印书馆还出版了谭振瑶翻译的奥国学者H·伊尔蒂斯的名著《门（孟）德尔传》。全书分上、下册，共21章，配有插图、照片22幅，详细介绍了孟德尔的生平、科学业绩、论文被埋没及再发现过程。这是一部权威性的孟德尔评传式著作，中译本的出版，使人们对孟德尔及其科学成就有了更加全面、更加深入的了解。此外，商务印书馆和中华书局还出版了一大批在国内外有一定学术价值的遗传学专著，其中有些被用作大学教材。孟德尔遗传理论著作已逐渐成为生物学、医学、农学的教材与科研人员必备的基础理论著作了。

1949年新中国成立，百科兴盛。遗传学进入了一个新的发展时期。但在1949—1978年间，孟德尔遗传理论在中国的传播，却经历了一段十分曲折的过程。1948年苏联发生的"李森科运动"很快传入中国并影响了中国。在全面"学习苏联"的口号下，在中国生物界也大力推行李森科学派的遗传学，而孟德尔—摩尔根遗传理论则被扣上"资产阶级的"、"反动的"、"形而上学的"等帽子。从1952年起，各高等院校停止讲授孟德尔—摩尔根遗传学；以孟德尔—摩尔根遗传理论为指导的科学研究工作也被迫停顿；学术刊物不准发表孟德尔—摩尔根学派的文章。孟德尔遗传理论在中国的传播走入低谷。

为贯彻"百花齐放、百家争鸣"的方针，1956年8月，中国科学院和高教部在青岛召开了遗传学座谈会。遗传学两大学派的主要学者约130人出席了会议。会上摘掉了强加给孟德尔—摩尔根遗传学的各种反动的政治帽子。孟德尔—摩尔根学派的学者也能理直气壮地陈述自己的学术见解，打破了多年来中国遗传学界"一家独鸣"的局面。孟德尔遗传理论在中国的传播重现了生机。座谈会结束后，报刊又开始登载孟德尔—摩尔根学派的文章，各高等院校恢复了讲授孟德尔—摩尔根遗传理论，被迫停止的科学研究也逐渐开展起来。1957年，遗传学家吴仲贤重译孟德尔的《植物杂交的试验》出版；《生物学通报》开设了李汝琪的"遗传学讲座"，全面介绍了孟德尔及其对遗传学的贡献。

但是，1958年，李森科在赫鲁晓夫的支持下东山再起，又重演了1948年的那一套做法。苏联遗传学界的影响再次波及中国。1960年前后，国内几所大学又重新批判孟德尔—摩尔根遗传学。只是由于中共中央宣传部的干涉，才未酿成全国规模的大反复。孟德尔遗传理论在中国艰难地发展着。1959年，卢惠霖翻译的摩尔根名著《基因论》出版，使人们对孟德尔以后细胞遗传学理论的发展有了较全面的了解。同年，方宗熙著《普通遗传学》一书出版，这是中国人写的第一部详细而系统的讲授孟德尔—摩尔根遗传理论的教科书。该书曾多次再版，对孟德尔遗传理论在中国的传播起到了积极作用。1961—1963年，中国遗传学两大学派就遗传的物质基础、遗传与环境、遗传与个体发育、遗传与系统发育等问题展开了讨论，介绍孟德尔—摩尔根遗传理论及其应用成果的文章多见于报刊，在更大范围内与更深层次上传播了孟德尔遗传理论。1965年，中国科学院、复旦大学相继成立了遗传学研究所；一些高校与科研机构招收了遗传学方面的研究生。无论是基础理论还是应用方面的研究，都取得了一定成果。经过半个世纪的传播，孟德尔遗传理论已植根于中国大地。

1978年，全国科技大会召开，迎来了遗传学发展的春天，开拓了孟德尔遗传理论在中国传播的新局面。遗传学家编著了各种类型的遗传学著作，国外的一些遗传学名著也相继翻译出版。孟德尔遗传理论被规定为高等院校有关系、科和中学生物课的必修内容。1979年，中国遗传学成立大会暨首届学术论文报告会召开。1984年，中国各大城市普遍举行了纪念孟德尔逝世100周年的学术活动，编辑出版了纪念文集，内容涉及遗传学各分支及其相联系的农、医、林、牧、渔等领域，均由国内各学科领域专家执笔撰文，集中展现了遗传学的概貌。同时，《自然辩证法通讯》发表署名文章，用历史观点对孟德尔的生平及科学业绩作了系统的评述。1986年，北京、广州、上海等地建立了基因工程研究中心，这表明了孟德尔遗传理论的实际应用研究正迈向更高的水平。

世界五千年科技故事丛书